Travesías

Proyecto editorial: Pablo Escalante y Daniel Goldin
Consejo asesor: Pablo Escalante, Carlos Martínez Marín,
           Pilar Gonzalbo, Carmen Yuste, Solange Alberro
Coordinador: Daniel Goldin
Diseño: Adriana Esteve
Cuidado editorial: Ernestina Loyo
La propuesta temática original fue elaborada
por Pablo Escalante

El camino de Santa Fe

Rodolfo Otero

Ilustraciones de Antonio Helguera

México

Primera edición, 1994

D.R. © 1994, FONDO DE CULTURA ECONÓMICA, S.A DE C.V.
Carretera Picacho Ajusco 227; 14200, México, D.F.

ISBN 968-16-4070-5
Impreso en México

uestra aventura empezó con una visita inesperada. Supongo que la mayoría comienza así, el día menos pensado, pero entonces yo no tenía ninguna experiencia en la materia. Para mis doce años, Buenos Aires, que recién despertaba al siglo de las máquinas y la libertad, era una aldea colonial aburrida y demasiado tranquila.

Como esa típica tarde de enero, húmeda y calurosa. Por lo menos Domingo y yo nos salvamos de la siesta, ya que la tía Eugenia nos había mandado a buscar agua, "pero yendo derechito al río, al norte de las lavanderas y los pelafustanes que van a aguar leche".

Así que nos pusimos en marcha, Domingo en una de las mulas y yo en mi petiso, con dos toneles vacíos y mucho tiempo por delante.

Aprovechábamos esas excursiones al río para darnos una vueltita por el Retiro y ver los toros que lidiarían en la corrida del domingo. Aquella vez, como de costumbre, no valían mucho.

Después, dejando atrás el convento de las monjas catalinas, a nuestra derecha, bajamos por la barranca al agua barrosa donde nadamos y jugamos toda la tarde. Echados en el pasto de la orilla, vimos pasar un velero grande que fue a fondear más al Sur, frente a la aduana. Allí quedó, esperando a los postillones a caballo que llegarían a arrastrar hasta la costa los botes cargados de gente y bultos.

Por fin arrojamos piedras al río, a ver quién llegaba más lejos. Yo tenía más fuerza, pero Domingo se las apañaba para darles un curioso efecto con sus dedos largos de negro, y no era fácil ganarle. En eso estábamos, discutiendo como siempre sobre el mejor tiro, cuando las campanas de la capilla del Socorro llamaron a la oración. ¡Se nos había ido toda la tarde! Teníamos que volver cuanto antes: yo prefería enfrentar a un toro bravo antes que a tía Eugenia. Y volver a oírle decir que ya no sabía qué hacer conmigo, que menos mal que mis pobres padres no habían vivido para ver en qué clase de vago me había convertido, y que si seguía así, etcétera, etcétera, todo matizado con ocasionales tirones de oreja y coscorrones con los nudillos que dolían como el diablo.

Así que llenamos los toneles, los cargamos en la mula, Domingo se enancó en mi petiso y subimos la cuesta a rajacincha, hasta el camino de tierra que pasaba frente a la iglesia del Socorro y llevaba derechito a la quinta de mis tías.

Ése había sido mi mundo desde que tuve memoria: la casona blanca con dos grandes patios interiores y al fondo el jardín de tía Amalia, el monte de durazneros, el gallinero y el corral para los caballos. Todo rodeado por un cerco de tunas: entonces la ciudad se interrumpía en un zanjón cuatro o cinco cuadras al Sur, y más valía prevenir visitas indeseables.

Como decía, Domingo y yo llegamos a la quinta con el sol poniente, la misión cumplida y cola de paja. Nos duró poco, sin embargo. Nos encontramos con un ajetreo desusado.

Adentro se oía la voz de tía Eugenia dando órdenes e indicaciones. Las pardas entraban y salían del patio a la cocina al otro patio y al comedor, limpiando, arreglando y acomodando muebles.

Domingo y yo intercambiamos una mirada cómplice. Era nuestra oportunidad de pasar inadvertidos. Rápidamente desmontamos, atamos nuestras cabalgaduras al palenque frente a la entrada, cada uno cargó un tonel al hombro y con toda inocencia los llevamos al lavadero.

Nadie nos prestó atención. Nos dimos vuelta para salir... y nos topamos con Tomasa, la madre de Domingo: una negra formidable, astuta y pícara como ella sola.

—¿Cómo va eso, Tomasa? —saludé con mi mejor sonrisa.

—No muy bien para dos que yo sé. ¿Ánde se habían metío toíta la tarde?

—Andábamos por ahí, en el fondo. Nos quedamos dormidos hará unas tres horas, cuando volvimos del río. ¿No, Domingo?

—Sí, así mismo es —se apresuró a agregar mi compinche—. Estábamos cansaos, con toda esa caló, y tanto trabajo...

—Yo les viá dar trabajo —rezongó Tomasa—. Entuavía tienen el pelo húmedo...

—Será la transpiración —dije muy serio.

—Traspiración su agüela, niño. Eso es agua'e río, como que hay Dios. Tiene suerte que su tía esté ocupada. Y a usté ya lo viá arreglar yo más tarde...

Lo último, claro, dirigido a Domingo, que vio una chancleta en su futuro.

—Güeno, ahora lleven los matungos a la caballeriza, qu'esta noche tenemos visitas.

—¿Visitas? ¿Quién viene? —pregunté.

—Te va' enterar en cuanto lleves el petiso al fondo —la negra sonrió, enigmática—. ¿Qué esperan? ¿La carroza?

Los dos salimos corriendo, más curiosos que obedientes. Y al llegar a la caballeriza, lo supimos. El coche no estaba, y sí un caballo árabe espléndido, renegrido y esbelto. Inconfundible.

Tío Rodrigo había llegado del campo. Gritamos de alegría.

Tía Eugenia gritó también, en cuanto me vio. Pero animada por otro sentimiento.

—¡Pedro! ¿Mugriento y descalzo, todavía? ¡Se me lava y se cambia inmediatamente!

—Pero, tía... ¿llegó Rodrigo?

—¿Y dónde andabas, que no te has enterado?

Tía Amalia, como siempre, vino al rescate.

—Eso no importa, Eugenia. Andaría correteando, como cualquier muchacho de su edad. Vamos, Pedro, yo te ayudo...

—Amalia, si lo sigues malcriando mal va a acabar este granuja...

Meneando la cabeza, tía Eugenia se volvió a supervisar el arreglo del salón.

Amalia me acompañó a mi cuarto, donde me esperaba la jofaina con el agua que no había tocado a la mañana, y un traje nuevo como para el hijo del virrey, calzas incluidas. Es decir, encantador para mis tías y de cajetilla para mí. Pero al menos me pude enterar de las novedades: no sólo tío Rodrigo había vuelto de la estancia, sino que traía a cenar dos invitados de postín: Míster James Roberts, Esq., viajero inglés, y nada menos que el secretario del Consulado, su amigo Manuel Belgrano.

Tío Rodrigo era mi héroe. Aunque no lo veía lo suficiente, fue lo más cercano a un padre que tuve en un ambiente controlado por manos femeninas.

Quedé huérfano antes de cumplir los siete años. Mamá había muerto pocos días después de mi nacimiento. Tía Amalia la recordaba muy bien, habían sido muy amigas, y solía decir que yo me parecía mucho a ella, sobre todo en el pelo negro y lacio y los ojos, que de acuerdo con mi tía brillaban del mismo modo. Un pintor sevillano que pasó por Buenos Aires la había retratado un par de meses antes de su casamiento. El cuadro estaba en la casa de mis abuelos maternos, así que no lo veía muy seguido, pero siempre me produjo la sensación de que su sonrisa era para mí. Verla me llenaba de una nostalgia profunda por lo que no pudo ser.

Tampoco conocí bien a mi padre. Fue el teniente de blandengues Ramiro de la Cruz, el segundo de cuatro hermanos. Eugenia era la mayor, Amalia la tercera y Rodrigo el benjamín. Los dos hermanos se parecían mucho: terminé por identificar a mi tío con el padre ausente que había partido lleno de tristeza a la Banda Oriental para morir en brazos de su amigo Artigas, tras un tiroteo con contrabandistas portugueses. Así, aunque fuera algo paradójico, la figura casi mítica de un padre heroico y romántico se confundió en mi mente con la del tío juvenil, simpático y calavera. Ese Rodrigo que había renunciado a su bufete de abogado para administrar una estanzuela de la familia cerca del Arroyo del Medio y que en cada venida a Buenos Aires me regalaba anécdotas divertidas, rebenques de cabo labrado o una increíble daga de plata. Y que a veces me llevaba con él al campo, donde era libre para cabalgar hasta el horizonte, nadar hasta alguna isla boscosa en la difícil corriente del Paraná y pescar bagres y tararíras a la sombra de los sauces llorones.

De papá los dos habíamos conservado una sonrisa compradora, con la que él y yo ganábamos la buena voluntad de tía Amalia pero que nunca ablandó el ceño fruncido de Eugenia, y el deseo compartido de correr aventuras.

Hasta ese momento las mayores de él habían sido algunos encontronazos con los contrabandistas de la otra orilla del Uruguay, amén de toros chúcaros y baguales duros de domar.

Las mías, trepar a un aguaribay bien alto o jinetear algún redomón, siempre en el campito del Arroyo del Medio.

Esta vez llegaríamos mucho más lejos.

CAPÍTULO II

Por fin, minutos después de que tía Eugenia diera los toques finales al comedor, los cascos de una yunta de caballos y el traqueteo de un coche se impusieron a la serenata constante de grillos y ranas. Los perros salieron corriendo a cumplir con su deber de ladrar a las ruedas del carruaje.

Domingo y yo salimos detrás para recibir a Rodrigo y sus invitados. Los caballos se detuvieron justo frente a la entrada, más por la fuerza de la costumbre que por indicación del cochero, un negro viejo y tranquilo como ellos.

Domingo, vestido de librea como un pajecito, se adelantó a abrir la portezuela del coche. Durante unos segundos se supo el centro de atención, cosa que le encantaba; tenía un talento natural para el teatro. Que le servía de compensación para esa ropa ridícula que lo aprisionaba como a mí.

El doctor Belgrano descendió primero, con una palmadita en las motas de Domingo; enseguida lo siguió el inglés, un hombre joven, alto, flaco y rubio; y por fin tío Rodrigo, tan jovial y dinámico como siempre.

Me tocaba a mí. Abrí la puerta de la casa y salí a recibirlos, mientras Domingo se hacía cargo de capas y sombreros. Debo haber exagerado la formalidad, porque noté un brillo divertido en los ojos claros de don Manuel, cuando lo saludé.

–¿Es usted el hombre de la casa, joven De la Cruz?

–Sólo hasta ahora –contesté, recogiendo el tono zumbón–, que vino Rodrigo a relevarme.

–Valiente relevo –comentó mi tío, y me puso las manos en los hombros–. A verte, Pedro... Has crecido como los yuyos. ¿Ya serás muy grande como para abrazar y besar a tu tío?

–No tanto –dije, y lo abracé con fuerza. Realmente lo había extrañado.

Él se dio cuenta, y al momento me hizo cosquillas. Todos reímos. Aliviado de emoción, los conduje a la sala.

Durante la cena, que fue abundante (perdices en escabeche, carne asada con verduras, frutas de estación y tortas), la conversación fue pasando por temas aburridos, como el tiempo...

–Cuándo terminarán este calor y esta humedad. ¿Cómo le sientan, míster Roberts?

–Oh, espléndidou, señorita Amalia. Soy usado a la humedad, viniendo de Londres...

La moda europea...

–¿Y qué usan las mujeres en Europa, míster Roberts?

–Pues visten más o menos como aquí. Pero las faldas han sido acortadas hasta los tobillos, señorita Eugenia.

–¡Dios me guarde! ¡Adónde iremos a parar!

–Pero debo decir, señorita Amalia, que la belleza de las porteñas puede compararse con ventaja a la de las más hermosas damas de Europa.

Tía Amalia se ruboriza, y tía Eugenia rápidamente cambia de tema. El caballero sería muy europeo y muy fino, pero a fin de cuentas era un condenado hereje.

Alguna vez me vi obligado a intervenir en la charla, y no precisamente con uno de mis temas favoritos.

–¿Cómo te ha ido en la escuela, Pedro?

–Y... No muy mal, don Manuel.

–No seas modesto –intervino Amalia–. Pedro es un poco díscolo, pero ha hecho grandes progresos con la cartilla y según su maestro aprende sin dificultad.

–Así me gusta, Pedro –aprobó Belgrano–. La educación es esencial para el progreso, ya sea individual o social. Todo el pueblo debería educarse. Y un poco de rebeldía es saludable.

Bueno, había salido bastante bien del trance. Aunque la expresión de tía Eugenia reveló que no aprobaba mucho la última opinión de Belgrano.

Por fin, cuando ya me esforzaba por reprimir los bostezos, tocaron un asunto que me hizo parar la oreja.

–¿Y qué está pasando en Europa con Napoleón, míster Roberts?

–Hay paz por ahora. Pero francamente no creo que vaya a durar mucho. Lo han nombrado cónsul vitalicio, y ha seguido tomando reinos en Italia. Además, Francia sigue reforzando su armada...

–¿Y usted cree que la guerra es inevitable?

–Me temo que sí. El hombre es brillante, ambicioso y hambriento de poder. Pero en la corrida larga... ¿se dice así?

–A la larga –acotó Rodrigo.

–A la larga no podrá someter a toda Europa. No creo eso posible.

–Así lo espero –repuso Belgrano–. El rey de España no es un buen amo, pero al menos es nuestro.

–Bien podría liberar el comercio de sus reinos de Indias... –intervino Rodrigo.

–Tú lo has dicho –sonrió Belgrano.

–Y tú en el consulado.

–Lástima que la mayoría no opine como yo.

–Eso podría cambiar... –comentó enigmáticamente Roberts.

Y abandonaron el tema, "para no aburrir a las señoras". Yo me di a fantasear con batallas, ejércitos y naves de guerra en aquel mundo tan diferente a nuestra tranquila villa de la Santísima Trinidad.

Después de la cena pasamos a la acostumbrada tertulia en la sala vecina, alrededor del clave. Con un par de canciones a cargo de tía Amalia, que afortunadamente tenía una voz agradable y no prolongaba demasiado la función, a diferencia de la mayoría de las señoritas que nos torturaban los oídos en esas reuniones.

Luego tía Eugenia sirvió unas copitas de licor a Rodrigo y sus invitados y resolvió que ya era hora de dejar a los hombres solos para que fumaran a gusto y hablaran de negocios. Eso significaba que yo también debía ir a la cama. Ensayé una protesta. Para mi sorpresa, Rodrigo me respaldó, e incluso Belgrano salió en mi defensa.

–Pedro ya es un jovencito...

–Tal vez dentro de dos o tres años, don Manuel –contestó tía Eugenia–. Ya hace rato que debería estar acostado.

Tía Eugenia siempre se quedaba con la última palabra, y en su casa ni siquiera el secretario del consulado la haría cambiar de opinión. Así que debí resignarme a ir a la cama.

Pero no dormí.

Mi cuarto era el más próximo al salón y pude oír perfectamente la conversación entre mi tío y sus invitados.

–¿Y bien, Manuel? –lo consultó Rodrigo– ¿Cuál es tu propuesta?

–Como tú sabes, Rodrigo, nuestro amigo Roberts está muy interesado en adquirir cueros. Y yo en que el comercio se extienda mucho más allá de los intereses de unos cuantos mercaderes porteños que se han beneficiado con el contrabando o los de funcionarios que pretenden cobrar aranceles ridículos. James tiene socios en Cádiz, lo que me ha permitido conseguirle una franquicia. A cambio de las mercaderías que ha traído de Gran Bretaña, se le permitirá adquirir cueros sin límite.

—Me parece estupendo. ¿Pero yo dónde entro?

—Tú sabes como yo que hay un hombre que está en condiciones de satisfacer cualquier demanda.

—¿Te refieres a don Francisco Candioti?

—Precisamente. Y confío en que puedas guiar a James hasta él.

—¿Es decir a Santa Fe?

—Eso es. ¿Qué me dices?

Hubo una pausa. Breve.

—¿Cuándo quiere salir, míster Roberts?

Rodrigo entró a su cuarto silbando y aflojándose el moño, el saco en el brazo. Cuando se volvió, lo dejó caer.

—¡Pedro! ¿Qué hacés aquí?

—Necesito hablar con vos, tío.

—¿A las dos de la madrugada?

—Es que no podía dormir. Tengo que hablarte.

Rodrigo suspiró como resignado.

—¿De qué se trata, sobrino?

—Quiero ir con vos a Santa Fe.

Me miró, lo pensó un poco y respondió:

—No sé, Pedro. Es un viaje largo, y tal vez peligroso.

—Pero me has llevado varias veces hasta el Arroyo del Medio. ¿Qué son unas leguas más?

—Mucho, para Eugenia.

—Vos podés convencerla. Además, el inglés y vos van a necesitar ayudantes. Un par de postillones que se ocupen de los caballos de reserva... Un chico pesa menos, y puede llevar más.

—Dijiste un par. ¿Quién sería el otro?

–Domingo. Es buen jinete, casi tan bueno como yo.

–No sé, Pedro... No es mala idea, y de hecho me gustaría llevarlos. Pero tu tía va a ser un hueso duro de pelar... En fin, ahora andá a dormir. Mañana te contesto.

–¡Gracias, tío!

–No me las des hasta que tomemos una decisión. Y ahora, ¡a dormir te dije!

–Sí, sí, tío, enseguida.

La suerte estaba echada. Ahora sólo me quedaba confiar en el poder de persuasión de Rodrigo, y hacer buena letra con tía Eugenia.

Tuve un pensamiento agradecido para el doctor Belgrano. Sin saberlo, me había abierto las puertas de la aventura.

or supuesto, la primera reacción de tía Eugenia fue una rotunda negativa. Respaldada por Tomasa, que como liberta tenía derecho a ser oída. Incluso Domingo no estaba muy convencido, para empezar.

–Pero, Pedro, eso queda lejísimo. Son muchas horas a caballo...

En realidad, yo había exagerado las cualidades de jinete de mi amigo. Domingo nunca había pasado de unos trotecitos entre la quinta y el río, y la perspectiva de una cabalgata de cien leguas lo abatataba un poco. Sobre todo fruncía la parte de su anatomía directamente afectada.

–Pero, Domingo, ¿querés quedarte aquí todo el verano sin hacer nada?

–¿La verdá? Sí.

–¿Y no te gustaría cambiar de aire, conocer lugares nuevos, donde no estuviste nunca?

–Mi mama dice que más vale malo conocido que bueno por conocer.

–Tá bien... Si no querés... En Santa Fe, a la tarde, todo el mundo va a bañarse al río. Todos los días...

–¿Todo el mundo? ¿Los negros también?

–Los negros también. Y el río es mucho mejor que éste para nadar, el agua es más clara y no hay tantos remolinos.

–Y... ¿se puede ir a pescar?

–Surubíes. Dorados. Así de grandes.

–¿Así de grandes?

–Mjm. Y a todos los dejan fumar cigarros de hoja. Hasta a los chicos.

–¡Me estás mintiendo, Pedro!

–¡No, Domingo, es verdad! ¡Te lo juro por ésta! Y además, en Santa Fe en esta época todavía hay frutillas...

–¿Frutillas? ¿De verdá?

–Y las sandías más jugosas, y melones, y... Lástima que no quieras ir. Tendré que arreglármelas solo.

–¡Faltaba más, Pedro! ¿Cuándo te he fallado?

–¿Entonces venís?

–¡Y cómo no!

Pero convencer a Eugenia era otra cosa.

A cargo de Rodrigo, claro. A esta altura la idea de contar con un par de postillones gratis lo había ganado. Además realmente se llevaba bien conmigo, y las ocurrencias de Domingo lo divertían mucho. Así que empezó a apilar argumentos contra las objeciones de su hermana mayor. Seguí la discusión mudo, sin intervenir, por miedo a meter la pata.

–Para Pedro sería muy instructivo. Sabés muy bien que los viajes ilustran.

–Un viaje a Santa Fe no le va a sacar mucho lustre a esta buena pieza...

–Últimamente ha estado algo inquieto y travieso, ¿no es verdad?

–Los últimos diez años, por lo menos. Me pregunto a quién habrá salido.

–Pues el viaje podría contribuir a asentarlo. A mí me vinieron muy bien esas cabalgatas con nuestro padre hasta el arroyo del Medio y a lo de Candioti. Templaron mi carácter, y contribuyeron a hacer de mí el hombre que soy.

–Razón de más para no mandar al pobre chico. Basta con un vago en la familia.

–Hermana, ¿te permites dudar de mi responsabilidad?

–No, si no tengo dudas al respecto. Por eso no quiero que lo lleves.

–Eugenia, seriamente, por favor. El trato con Roberts puede favorecer al granujilla. Vería cómo se comporta un auténtico caballero....

–Yo creo que Rodrigo tiene razón.

Todos nos volvimos para mirar a Amalia, que también había presenciado el debate en silencio.

–¿Qué decís? –exclamó Eugenia, asombrada.

–Que esta vez te equivocás, Eugenia. Yo creo que el viaje será una buena experiencia para Pedrito. Y además, ya es hora de que empiece a volar. Pronto estará en edad de cursar estudios superiores, y es una buena oportunidad para que conozca algo de mundo. Yo lo apruebo.

–¿Y bien, Eugenia? –insistió Rodrigo.

Eugenia quedó tan sorprendida por la intervención de su hermana menor y por la firmeza de sus palabras, que no atinó a contestar. Por fin dijo:

–Si los dos están de acuerdo...

Le eché los brazos al cuello.

–¡Gracias, tiíta, gracias!

Tal vez me pasé de efusivo, porque ella encontró una última objeción:

–Todavía no he dicho que sí. Rodrigo... Pedro llegará a tiempo para el comienzo de las clases en el Colegio de San Carlos, ¿verdad?

Yo esperaba que no.

–No te preocupes, sólo serán unos cuantos días.

Nada es perfecto: por lo visto, no me salvaría de la escuela. Pero sí del aburrido verano porteño.

–Espero que no tengamos que arrepentirnos –capituló tía Eugenia–. Está bien, Pedro puede ir con vos.

Mi grito de alegría tuvo un eco en la puerta de la cocina, desde donde Domingo había escuchado la conversación. Pero adentro, el corazón de Tomasa se habrá encogido un poco...

Un par de días después el amanecer nos encontró listos para salir, livianos en equipaje y cargados de recomendaciones.

Por enésima vez tía Eugenia me recordó cuidar mis modales ante los Aldao, una familia amiga de Santa Fe en cuya casa pararíamos, y me repasó de pies a cabeza. Es decir, de unas condenadas botas nuevas que me apretaban los pies hasta el mechón que se empecinaba en cubrirme la frente, le gustara a ella o no. Tía Amalia me abrazó y me besó como si fuera a los quintos infiernos, y la propia Eugenia me mostró un poco más de afecto que de costumbre. Domingo tuvo una despedida húmeda de lágrimas y pródiga en caricias.

Rodrigo y el señor Roberts iban como todo viajero en aquellos tiempos: sombreros de ala ancha, facón y pistola sujetos a la cintura por sendas fajas rojas, botas de montar y ponchos sobre la chaqueta.

Los caballos eran de lo mejor, resistentes y acostumbrados a marchas largas. Mi tío llevaba su favorito, el brioso árabe; el inglés, un tordillo de buena alzada; Domingo, un criollo gateado, petiso y fortachón; y yo, un alazán que me gustaba mucho y que se había acostumbrado a comer azúcar de mi mano. Los de reserva eran cuatro zainos poco vistosos pero cumplidores.

Por fin, los cuatro montamos y salimos siguiendo al sol. El primer día pasaríamos por San José de Flores, Morón y un par de postas hasta llegar a Luján, nuestro primer destino.

No bien hicimos pie en una posta, Rodrigo notó que su sobrino andaba chueco como un pato y me dio permiso para sacarme las botas y seguir descalzo. Quitármelas fue un triunfo, con la ayuda de Domingo y de un ombú que me sirvió de apoyo. El alivio compensó el esfuerzo. Ya en el medio del campo, no hacía falta tanta etiqueta y seguí a mis anchas "en patas", como cualquier chico criollo.

Las postas en el camino no eran gran cosa: apenas unos ranchos de adobe con techos de paja, pero al menos permitían descansar del solazo de enero a la sombra de algún ombú, y reponer fuerzas con asado y unos mates.

Míster Roberts se sorprendió mucho de que no cobraran la comida y el agua, a diferencia de las posadas europeas. Rodrigo le pidió que no lo comentara en voz muy alta, no fuera que los maestros de posta adoptaran costumbres foráneas y tan poco pintorescas.

En el trayecto empecé a conocer a James Roberts. Era un hombre joven, un poco menor que Rodrigo (que andaba cerca de los treinta), bastante locuaz y cordial. Hablaba un castellano pasable, aunque los tiempos de verbos no eran su fuerte y tampoco acertaba demasiado con los géneros ("Mí llegando de Inglatera en la barco", "ese gallina es muy mucho flaco"). Me trató desde el principio con naturalidad, sin ignorarme ni hacerme preguntas embarazosas sobre mis estudios, como casi todos los adultos.

Con Rodrigo hizo buenas migas desde el principio, ya que tenían muchos intereses en común: los dos eran grandes lectores, excelentes jinetes, diestros con los naipes, tiradores expertos y conocedores de la campaña. Para no mencionar el tema que todos los hombres comparten, las mujeres, claro está. Roberts venía muy bien impresionado con las porteñas, y Rodrigo le adelantó que podía esperar más aún de las santafecinas.

Mi opinión sobre el otro sexo en ese momento de mi vida no era demasiado favorable; debo aclarar que mi experiencia se limitaba a mis tías y a las morenas de la servidumbre. Pero empezaba a darme cuenta de que eran francamente diferentes de uno, y que las diferencias no eran desagradables. Ya descubriría por qué: algunas novedades sobre el asunto me esperaban en Santa Fe.

Ese día no avanzamos demasiado para no cansar a los caballos. El viaje fue monótono y sin incidentes, entre cardales, potreros y ranchos aislados hasta la villa de Luján, adonde llegamos a la oración.

Por la noche cenamos con el cura y el alcalde, buenos amigos de mi tío, y a mi fe que con largueza. El señor alcalde y maese el cura no se privaban de asado ni de perdices ni de vino ni de confituras, y eran generosos con los viajeros.

Al otro día en cambio, después de una buena noche de sueño, dejamos galopar a los fletes. Pasamos por Areco, paramos en Arrecifes al mediodía y rumbeamos al Norte. A la tardecita ya habíamos dejado San Pedro atrás, y nos fuimos acercando a un caserío en medio del campo. Domingo y yo nos miramos entusiasmados.

Unos perros flacos aparecieron de la nada, a torearnos: uno de ellos reconoció a Rodrigo y enseguida todo fue mover la cola y volver corriendo a las casas, de donde ya venía, inconfundible en su zaino grandote, el capataz y mano derecha de mi tío: Gregorio Vargas.

Capítulo IV

Gregorio era un gaucho alto, de físico imponente; entonces contaba unos treinta y cinco años. Había llegado a la estancia siendo un muchacho de doce, sin familia ni pago, y se aquerenció. Mi abuelo le cobró afecto: era trabajador y cumplido.

Cuando se hizo hombre, no hubo tarea en el campo en la que no fuera el más diestro: nadie echaba un pial como él, se les animaba a los potros más cerriles, y para seguir un rastro no tenía igual.

En una ocasión unos indios se llevaron una punta de vacas a través del arroyo, hacia el Norte. Gregorio formó parte del grupo que salió a perseguirlos; fue él quien encontró el rastro al otro lado del río, identificando en el barro escarchado las huellas que los pampas se habían esforzado en disimular. Unas horas después los gauchos los alcanzaron.

Los indios no presentaron pelea: eran pocos y mal armados, así que bastó con la presencia de mi abuelo y sus hombres para recuperar las vacas. Rodrigo fue con el grupo (era un chico entonces) y recuerda que el incidente terminó bien para ambas partes. El capitanejo que mandaba a los malones pidió hablar con mi abuelo y le explicó que ellos no querían robarle, pero se habían visto obligados: la tribu pasaba hambre. Había sido una temporada de seca, y la caza había emigrado.

Mi abuelo eligió a mi padre, que era un muchacho apenas, a su capataz y a Gregorio para que lo acompañaran a la toldería. Cuando comprobó el estado de la gente, les regaló unas vacas. Con eso los pampas pasaron ese invierno y ya no volvieron a perturbar la vida de la estancia.

Con el tiempo, cuando el viejo don Rosendo dejó de ser de a caballo, Gregorio lo sucedió como capataz. Se consiguió una china bonita y guapa, y fue el padre de cuatro gurisitos, ese verano entre los dos y los siete años.

Él fue quien me puso por primera vez sobre un caballo y me enseñó todo lo que debe saber un jinete.

Nos recibió atento y risueño como siempre. En cuanto llegamos a las casas llamó a un par de peones para que se ocuparan de nuestros caballos. Sólo entonces advertí en su rostro impasible de gaucho un dejo de preocupación.

–Patrón –entró en tema–, no sé si será p'alarmarse, pero hace un par de noches vide unas luces al otro lao del arroyo.

–¿Unas luces? –se extrañó Rodrigo.

Domingo tenía los ojos bien abiertos.

–¿No será la luz mala? –bromeé, para asustarlo un poco. Mi amigo creía en una vasta colección de demonios y fantasmas, africanos, europeos y vernáculos.

–Se me hace que estos "fantasmas" hablan en portugués –aclaró Gregorio.

–¿Oliveira, de nuevo? –supuso Rodrigo.

–Eso creo. Habrá que andar alerta, no sea cosa que se carneen algún ternero.

–Cuento con vos, Gregorio –Rodrigo se volvió a Roberts–: El tal José Oliveira es un contrabandista portugués, que suele incursionar por la Banda Oriental y comercia con algún vecino de San Nicolás y de la villa del Rosario. Anda siempre con un grupo armado.

–Eso significa que debemos dormir con un ojo abierto... –opinó Roberts.

—Me temo que sí, James. Pero antes habrá tiempo para un asado con cuero, ¿no, Gregorio?

—Ya tengo la carne en la parrilla, patrón.

Le hicimos los honores. Y esa noche la pasé no con un ojo abierto, sino con los dos. Desde mi ventana se veía, a lo lejos, la línea del arroyo. Me quedé un rato largo escudriñando la oscuridad. Pero la única luz visible era el reflejo de la luna sobre el agua, y no se oía nada anormal. Sólo chicharras, grillos, sapos, ranas y algún chajá trasnochador.

Ya había dado el primer bostezo cuando me despabilé de golpe.

En la orilla opuesta, dentro del monte de sauces, algo brilló por unos segundos. Agucé la vista. El resplandor resurgió, breve, y volvió a apagarse.

Sí, no cabía duda: había visto las misteriosas luces que mencionara Gregorio.

Salí al patio, excitado por mi descubrimiento y con la intención de prevenir a los demás. Pero todos dormían. Pude oír claramente unos ronquidos que venían del cuarto de Rodrigo. Si resultaba una falsa alarma y lo despertaba en medio de la noche para nada, me esperaban problemas. Además, en ese momento se me ocurrió que sería más emocionante ir a investigar por mi cuenta.

Ahí nomás me decidí: volví a mi pieza, me vestí apresuradamente sin calzarme, para no hacer ruido, y salí por la ventana.

Por un instante sentí ganas de avisarle a Domingo; pero temí despertar a alguien más. Tendría que ir sin mi compinche.

Corrí un trecho pegado a la pared. Así llegué hasta el caballo nochero, listo y ensillado frente a las casas, lo desaté del palenque y salí al paso primero y al galope en cuanto me distancié.

Cuando el bulto del monte empezó a crecer, reduje el paso del pingo. Lo llevé al tranco hasta unos sauces vecinos a un remanso donde solíamos ir a pescar. El caballo bellaqueó un poco, algo inquieto. Lo maneé como pude.

Desde donde estaba el resplandor era mucho más nítido y ahora constante. Se trataba de una hoguera, medio escondida en el corazón del monte.

Me quité la camisa y la dejé asegurada a la cincha, me arremangué los pantalones arriba de la rodilla y fui hasta un vado que conocía.

Comencé a cruzar el arroyo con precaución, luchando contra las zancadillas de la corriente y el tironeo del barro del fondo. El último tramo lo hice a nado. Afortunadamente la noche era calurosa y no había viento, así que no sentí frío al salir.

Eché un vistazo y enseguida ubiqué la fogata, ligeramente a mi izquierda.

Intentando no hacer ningún ruido, como me habían enseñado mi tío y Gregorio en noches de cacería, avancé a través del monte.

De pronto, a mis espaldas, una voz gutural. Me detuve en seco. El sonido se repitió, y lo reconocí. No me tranquilicé hasta ver al lechuzón, posado en la rama de un jacarandá.

Seguí adelante en dirección de la fogata, que ahora veía con nitidez, en un claro del monte. Alrededor del fuego había un grupo de hombres. Podía oír sus voces, pero no distinguir lo que decían.

Por fin llegué a unos pasos del claro. Un matorral me ocultaba de la vista de los hombres, pero ya podía escucharlos con claridad. Y verlos bien.

Frente al fuego había cuatro: uno sentado y otros tres de pie, dos de los cuales me daban la espalda. Más atrás se veían otros cinco o seis que jugaban a las cartas a la luz de un candil, cerca de varios caballos atados a los árboles.

El hombre sentado metía miedo con sólo mirarlo. Llevaba un pañuelo en la cabeza, como un gitano, un parche sobre el ojo izquierdo y barba de varios días en la cara chupada. El ojo sano y la nariz puntiaguda le daban el aire de una rata; un chaleco rojo completaba su aspecto de pirata venido a menos.

El que estaba de pie a su lado tampoco era como para encontrarlo en un callejón oscuro (ni en ninguna otra parte). Más corpulento, la cerrada barba negra, las cejas pobladas y la ropa oscura me hicieron pensar en un oso que había visto en el circo de Olaes, en la Alameda.

En cuanto a los hombres de espaldas a mí, uno llevaba levita y el otro iba vestido como un gaucho; el pelo largo le caía hasta los hombros.

–¿Acaso fuese mejor atacar más tarde? –preguntaba el tuerto, con neto acento portugués.

–Ahora es muy riesgoso –contestó el hombre de levita–. De la Cruz llegó de Buenos Aires con un visitante, es decir que hay dos armas más.

Yo conocía esa voz...

–Pero eso facilita sus planes. Si De la Cruz muere, podrá hacer una buena oferta por las tierras de él. Sus hermanas venderían, con seguridad –observó el tuerto.

–Sí, lo sé. Pero al fin hemos sido amigos y...

–Y De la Cruz es buen tirador –comentó con sorna el barbudo.

–Vea, señor, nuestra sociedad le ha rendido pingües beneficios –intervino el tuerto–. Usted se ha enriquecido con nuestra mercadería, y nosotros hemos corrido los riesgos. Y si quiere más poder, tanto mejor. Eso nos conviene. Pero para eso no puede albergar escrúpulos.

–Ni acobardarse –agregó el barbudo.

El hombre de pelo largo llevó la mano al mango de un facón que tenía a la cintura.

—Aquí no hay ningún cobarde, Fonseca. Y si tiene alguna duda...

—Está bien, Floreal. No es necesario —el hombre de levita lo contuvo con un gesto.

Floreal... ¡Floreal era el capataz de la estancia vecina! Sí, no podía ser otro: el pelo largo y negro de mestizo, las botas de potro abiertas en la punta... Entonces el otro tenía que ser...

—Estoy de acuerdo —asintió el tuerto—. No hay por qué disputar entre nos. ¿Verdad, Joao?

—Muito bem, José —contestó el otro. Pero no apartó la mirada de Floreal.

A un gesto de su patrón, el mestizo se apartó del fuego. El tuerto clavó la vista en el hombre de traje.

—¿Y bien, señor Echeverría?

¡Echeverría! ¡Nuestro vecino! Un antiguo compañero de mi tío en la universidad de Charcas... No podía creerlo. ¿Liado a contrabandistas y asesinos? ¿Planeando atacarnos?

—Mañana, Oliveira. Mañana por la noche. Si Rodrigo sigue aquí, tanto peor para él.

—Mañana entonces... —el portugués sonrió de un modo que me heló la sangre.

Instintivamente, me agaché. Fonseca, el grandote, miró hacia el monte. ¿Tal vez habría advertido mi movimiento? Contuve la respiración, tratando de permanecer totalmente inmóvil. El barbudo desvió la vista.

Echeverría se sentó junto al fuego, y pude ver su cara pálida de labios finos. Sentí deseos de escupirlo o insultarlo. En cambio, claro, me dispuse a huir.

Era el mejor momento. Nadie miraba. Echeverría y Oliveira encendieron sendos cigarros. Fonseca se acercó al grupo que jugaba a las cartas.

Lentamente, con mucho cuidado, comencé a retroceder cuerpo a tierra. Dejé atrás un tronco de árbol, luego otro, y esquivé unas ortigas justo a tiempo. Ya podía incorporarme sin que me vieran. Lo hice con cautela... y un brazo de hierro me apretó el cuello.

Por sobre el hombro, alcancé a ver la sonrisa torva de Floreal.

l mestizo me echó en medio del claro de un empujón.

-¿De dónde ha salido este rapaz? -Oliveira me recibió con sorpresa.

-Es el sobrino de nuestro amigo De la Cruz -explicó fríamente Echeverría.

-¿No será hijo del teniente De la Cruz? -preguntó Oliveira, súbitamente interesado.

-Y a mucha honra -contesté, tratando de ocultar el miedo que sentía.

-Vaya con la coincidencia... Fue tu padre quien me dejó este recuerdo... -el bandido se señaló el ojo.

-Así lo pagó -comentó Fonseca.

No pude contenerme. Le escupí la jeta.

Furioso, Fonseca gruñó como una fiera y desenvainó un cuchillo como para abrir un buey en canal.

-Un momento... -Echeverría lo contuvo con un gesto-. Quiero interrogarlo. ¿Qué hacés aquí, Pedro? ¿Alguien te envió?

Lo miré con desprecio, sin responder.

-No ganas nada con callar, muchacho -insistió Echeverría.

El fuego brilló en la hoja del cuchillo y los ojos oscuros de Fonseca.

–Vine por mi cuenta –dije, decidido a no achicarme. Total, iba a terminar mal de todas maneras.

–Te creo. Has visto y oído más de la cuenta, Pedro...

Me encogí de hombros. Era inútil negarlo.

–Eso nos causa un problema –siguió Echeverría–. ¿Qué haremos contigo?

–Los muertos no hablan –insistió Fonseca. Todo un filósofo.

–No me gusta la idea de matar a un muchacho –declaró Echeverría–. Espero que encontremos otra salida...

–Podríamos venderlo como esclavo –propuso Oliveira, que se había quedado algo pensativo–. En las Antillas no se preocupan mucho por el color de la piel de sus trabajadores...

–Aun así podría hablar... y encontrar alguno dispuesto a creerle –observó Fonseca.

–Tal vez no... –intervino Floreal.

Todos lo miraron.

–Si, por ejemplo, le faltara la lengua... –dejó caer el mestizo.

La expresión de placer morboso en la cara de Fonseca es algo que me costará mucho olvidar. Oliveira ojeó a Floreal con admiración. Echeverría con algún desagrado pero aliviado por la obvia solución.

–¿Lo sirvo, patrón? –preguntó Fonseca.

–Haga como quiera, Joao –repuso Oliveira.

El grandote se me acercó, daga en mano.

–¡No! –grité– ¡No, por favor!

El portugués me tomó de los cabellos, alzó el facón y...

Sonó un tiro.

El gigantón emitió un grito ahogado y dejó caer el facón, la mano ensangrentada.

Todos nos volvimos hacia el mismo punto. Allí, de pie a la entrada del claro, un trabuco humeante en una mano y otro listo para disparar en la otra, plantado con firmeza frente a todos, había un capitán de blandengues.

Lo reconocí de inmediato: la nariz aguileña, la mirada penetrante, el eterno poncho al hombro. El mejor amigo de mi padre, el bravo más bravo de la Banda Oriental.

Pronuncié su nombre como quien reza para agradecer a un santo.

–¡Capitán Artigas!

–No se le hace eso a un gurí –dijo tranquilamente–. Vení, Pedro.

No tuvo que repetirlo. Corrí a su lado.

En tanto, el tuerto había empezado a mover la mano casi imperceptiblemente hacia su cinto.

–Quieto ahí, Oliveira –lo detuvo Artigas–. Nadie se mueva. Están rodeados.

De entre los árboles salieron varios blandengues, las carabinas prontas.

De repente, Fonseca, perdido por perdido, intentó manotear su trabuco con la izquierda. Artigas, sin inmutarse, disparó.

–¡Oriental de mier...!

El bandido cayó de bruces hacia adelante, sobre la fogata.

El otro contrabandista aprovechó la distracción momentánea de los soldados para tirar el candil al suelo. Quedamos casi a oscuras.

Algunos trataron de ganar los caballos. Hubo tiros, culatazos y unos instantes de gran confusión.

Dos hombres lograron llegar a los pingos y se internaron en el monte.

Cuando alguien encendió una linterna, pudimos comprobar el resultado: Oliveira y sus secuaces yacían en el suelo, heridos o inconscientes. Un par de blandengues estaban lastimados, pero no de gravedad. Los que habían conseguido huir eran Echeverría y Floreal.

Artigas destacó tres hombres a perseguirlos. Los demás ya se ocupaban de agrupar a los prisioneros, siguiendo las órdenes de un sargento que parecía muy baqueano.

Artigas se volvió hacia mí.

–Tu padre estaría muy orgulloso de vos, Pedro –dijo apoyando una mano en mi hombro.

Y yo creo que alcancé a tragarme las lágrimas, pero no estoy muy seguro. Sé que lo abracé, y fue como echarse a la sombra de un árbol bien frondoso en una tarde de verano...

Ya amagaba clarear cuando, camino a las casas, nos salieron al encuentro tres jinetes: Rodrigo, Gregorio y Roberts, claro.

Hubo sorpresas, saludos y, ya en el casco y mate de por medio, explicaciones.

Gregorio se había levantado bastante antes del amanecer, según su costumbre. No había puesto la pava en el fogón cuando vio al nochero, suelto y sudado. Parece que no lo até muy bien que digamos.

Revisó la silla, halló mi camisa y enseguida fue a despertar a Rodrigo. Roberts quiso sumarse a la partida.

Gregorio no tardó en dar con mi rastro. Galopaban rumbo al monte cuando nos encontramos.

En cuanto a Artigas, hacía un par de semanas que andaba tras la pista de Oliveira, a quien habían visto rondando el Carmelo. La persecución lo había llevado a través del Uruguay primero y el Paraná después. Le dio alcance en el momento más oportuno para mí.

Rodrigo le ofreció nuestra hospitalidad por todo el tiempo que quisiera, y el capitán oriental aceptó tomarse un día de descanso con sus hombres. Les hacía falta, después de varias jornadas de marcha forzada.

Los contrabandistas recibieron mejor atención de la que merecían. Los alojamos engrillados en un galpón, donde no les faltó agua ni comida. Gregorio y un peón se encargaron de llevar el cadáver de Fonseca a San Nicolás, a ver si el cura le hacía un lugar en el camposanto. Rodrigo no estaba dispuesto a que lo tuviera en la estancia. Para gran alivio de Domingo, que estaba seguro de que el bandido iniciaría una nueva carrera como fantasma.

Mi amigo se había quedado muy impresionado por mi aventura, pero tuvo que esperar para enterarse mejor. Después del desayuno los párpados se me cerraban solos y no quise otra cosa que el catre.

Cuando desperté, descansado y hambriento, la luz vespertina se filtraba por la ventana sobre mi almohada.

Moví la cabeza y me encontré con la sonrisa blanca y simpática de Domingo, que había velado mi sueño.

Me brindó las últimas noticias: los tres blandengues que destacara Artigas habían vuelto sin Echeverría ni Floreal.

—Nunca me gustaron esos tipos —comentó, como para cerrar el informe.

—La verdad, a mí tampoco —reconocí—. Pero no me imaginaba que fueran tan canallas.

—Ahora sí, ¿me vas a contar todo lo que pasó?

Me hice rogar un poco y terminé por complacerlo. Con pelos, señales y algún adorno. Cuando terminé, Domingo se quedó mirándome con una mezcla de admiración y extrañeza, como si no me conociera de toda la vida. Pero se le pasó enseguida.

—Tiene razón mi mama —reflexionó.

—¿Cómo es eso? —pregunté, sin comprender la relación.

—Cuando dice que sos loco. Mirá que irte al monte solo de noche... ¡Lo que es yo, ni aunque me paguen cinco reales, no señó!

Tuve que darle un almohadazo.

Cuando me vestí, a Domingo lo precisaban en la cocina, así que no había mucho que hacer. Vi a Rodrigo y Artigas charlando bajo un ombú, y salí hacia ellos de una corrida, feliz de sentir el pasto fresco bajo los pies.

A la distancia, Roberts galopaba a campo traviesa; no siempre tendría tanto espacio para ejercitar a su caballo.

—¿Qué tal, don Pedro? —saludó Artigas— ¿Repuesto de la faena de anoche?

—Tanto como usted, don José —respondí.

El capitán me revolvió el pelo.

—Se ha portado como un valiente el crédito —agregó, más para Rodrigo que para mí. Pero la última frase fue para los dos: —Tiene a quién salir.

—Capitán —yo necesitaba saberlo—: ¿Fonseca fue el que mató a mi padre?

Artigas hizo una pausa antes de responder.

—Tu padre cayó en un tiroteo con la gente de Oliveira. Es muy posible que fuera Fonseca... Pero no pienses más en eso: la cuenta está saldada ahora. Gracias a vos.

Sus palabras me confortaron. Artigas se volvió a Rodrigo.

—Rodrigo, conocés bastante a Echeverría. ¿Qué pensás que hará?

—Y... Tiene parientes en Córdoba. Tal vez vaya a verlos. O, si elige permanecer al margen de la ley, puede que busque unirse al Majano Bermúdez.

—¿El salteador? Lo hacía por Salta, o Tucumán.

—Según Gregorio, Floreal fue hombre de Bermúdez.

—De uno u otro modo, no creo que los volvamos a ver por el Litoral.

—¡Ojalá! —dije yo con tanta vehemencia que los hice reír a los dos.

—Lo que no alcanzo a comprender es cómo Echeverría pudo haber caído tan bajo —comentó Rodrigo.

–Lo de siempre –reflexionó Artigas–. Deudas primero, codicia después. Pero ya sabés que Buenos Aires es un nido de contrabandistas.

–Hay mucha gente que quiere enriquecerse sin esfuerzo –reconoció Rodrigo.

–Eso por un lado, y leyes injustas por otro. Y los que sufren más las consecuencias son los paisanos pobres... Harían falta más criollos en el gobierno, como tu amigo Manuel.

–Te dije que él me propuso ver a Candioti.

–Belgrano es un buen hombre. Y Candioti también. No dejes de darle mis respetos.

–Así lo haré, José.

–¿Qué tal este míster Roberts? –preguntó Artigas de pronto.

–Es buena gente –contestó Rodrigo–. ¿Por qué lo preguntás?

–Mirá, Rodrigo, Oliveira no es un mero contrabandista. Hace tiempo que oficia de espía para la corona portuguesa. Y los intereses de Portugal siempre se han dado la mano con los de Inglaterra.

–¿Vos creés que...?

–No creo nada. Pero Oliveira rara vez llegó tan lejos... Los portugueses siempre le han tenido hambre a la tierra de mi gente.

–¿Y vos pensás que Roberts es un espía?

–No lo parece. Pero si sospecharas algo...

–Te lo haré saber. Contá conmigo.

–Sé que puedo. Algún día las cosas cambiarán en el río de la Plata. Y entonces necesitaremos gente con visión. Como Belgrano, y como vos.

–¿O como cierto capitán de blandengues?

–Yo soy un hombre de campo, Rodrigo. Los asuntos de gobierno no son para mí...

–Pero la gente te respeta, José. Tus gauchos te seguirían a cualquier parte...

–Tal vez... tal vez. Si pudiera llevarlos a algo mejor que lo poco que tienen...

Artigas se quedó mirando el horizonte. Hacia el naciente, hacia su Banda Oriental.

Yo miré también, alrededor. Y adonde mirara, el horizonte era infinito.

emprano al día siguiente, Artigas y sus blandengues se llevaron a los contrabandistas rumbo a la Banda Oriental, donde pagarían sus crímenes.

Y a media mañana nosotros reanudamos el viaje con un agregado: Gregorio Vargas. Rodrigo resolvió que el gaucho viniera: podía ser un compañero valioso, y la estancia contaba con protección suficiente. A Gregorio le gustaba viajar, y Domingo y yo nos alegramos también; la única que no estuvo muy de acuerdo fue Azucena, su china, pero al fin sería por unos días, nomás. Eso creíamos.

Después de cruzar el arroyo del Medio, a medida que nos acercábamos a Santa Fe, el paisaje se fue haciendo más agreste: cardales, montes de algarrobos, matas de cortaderas en pastizales cada vez más altos. Vimos pasar tropillas de baguales, manadas de ganado cimarrón, venados y avestruces.

El primer día sólo entramos a un pueblo: la villa del Rosario, sobre las barrancas que dan al Paraná, y al caer la tarde pasamos frente al convento de San Lorenzo, donde los frailes rezaban el ángelus.

Seguimos adelante bajo una luna llena que iluminó a las primeras vizcachas frente a sus cuevas, y a peludos y zorrinos que salían en busca de alimento, al trote de sus patitas cortas.

Pernoctamos en otra posta de adobe y techo de paja. Al día siguiente seguimos rumbo al Norte, cerca del río, y por la tarde tuvimos a la vista los primeros ranchos de Santa Fe de la Veracruz.

Entonces Santa Fe era una ciudad de calles de tierra y casas bajas, alargadas, de paredes blancas. Cuando llegamos, a la hora de la siesta, todo el mundo estaba sentado a la puerta de sus casas, o en el zaguán, del lado que daba el sol.

Algunos tomaban mate, otros comían sandías, sobre todo los chicos; a Domingo y a mí se nos hizo agua la boca. Y muchos fumaban cigarros de hoja, incluso las mujeres.

Yo ya había visto fumar a alguna vieja, en el campo, pero era la primera vez que veía tantas mujeres fumando. ¡Hasta chicas jóvenes! Si a mí me llamó la atención, Roberts no podía creerlo.

Rodrigo y Gregorio se divirtieron mucho con la expresión del inglés.

–A lo largo del río es corriente que las mujeres fumen, mi amigo –Rodrigo explicó–. Aparte de eso, las santafecinas son dulces y cariñosas.

Pasamos frente a la plaza mayor, por la calle que da al colegio que fundaron los jesuitas, y seguimos una cuadra más adelante hasta la casa de la familia Aldao.

Era una de esas típicas casas de techo bajo y alargada como un chorizo, pero la más grande que vi desde que entramos al pueblo. Una muchacha tomaba mate frente a la puerta, acompañada por una negrita. En cuanto nos vieron llegar la chica le dijo algo a la pequeña esclava, que salió corriendo al interior de la casa, y vino sonriente hacia nosotros.

A ejemplo de Rodrigo, nos apeamos. Él se acercó a la jovencita, le tomó la mano con delicadeza y se la besó. Ella respondió con una risita y le echó los brazos al cuello. Él la alzó en el abrazo, y le oí decir:

–¡Florencia! ¿Será posible que esta señorita sea mi Florencia? Por un momento pensé que eras Ana...

Florencia iba a contestar cuando salieron de la casa un hombre joven, más o menos de la edad de mi tío, una señora mayor, un muchacho de unos veinte años y varios sirvientes que se apresuraron a encargarse de los caballos.

El hombre era Luis Aldao, viejo amigo de mi tío. Hechas las presentaciones, todos saludaron con cortesía y mal disimulada curiosidad a míster Roberts, hicieron comentarios sobre lo grande que estaba yo (también, sólo me habían visto a los cuatro años) y enseguida nos hicieron pasar. Gregorio se presentó al mayordomo y se fue con él para supervisar lo que harían con los caballos. Domingo, a una seña del gaucho, lo siguió. Le guiñé el ojo y lo saludé con la mano. Ya nos veríamos después.

No bien llegamos al salón, con todos hablando y haciendo preguntas a la vez, apareció la que faltaba de la familia Aldao. Una chica de veintitantos años entró desde el patio.

Roberts y yo la vimos primero. El inglés apenas pudo reprimir una exclamación. Yo, que hasta entonces nunca había reparado en la belleza femenina, me enamoré de ella en ese instante. Jamás había visto un rostro tan perfecto. Entre las facciones delicadamente proporcionadas se destacaban dos ojos grandes de un increíble color violeta. El pelo negro le caía como al descuido sobre los hombros, contrastando con el blanco de un vestido que parecía prolongar una piel de marfil.

Rodrigo se volvió hacia ella y por un momento para los dos no hubo nadie más en la habitación.

–Ana...

–Rodrigo...

Él se adelantó unos pasos. Hubo cierta complicidad en la displicencia con que ella alargó la mano y él la tomó para besarla, como había hecho con Florencia. Sólo que a Ana la miró a los ojos mientras lo hacía.

—Estás más linda que siempre —murmuró él—, si tal cosa fuera posible.

—Y vos tan mentiroso como entonces... —pero no había reproche en la respuesta.

Los demás nos dimos cuenta a la vez de que nos habíamos quedado callados, y la señora (por supuesto, la madre de los cuatro jóvenes) se apresuró a ofrecernos asiento e hilvanó un rosario de preguntas y respuestas sobre familia y conocidos, casi sin parar. Enseguida recordó que "debíamos venir muy cansados del camino", se disculpó y nos ofreció pasar a las habitaciones que nos tenían preparadas.

Me tocó un cuarto para mí solo, similar al que tenía en Buenos Aires, con menos muebles, sólo una cama y una silla, pero con un espejo bastante más grande. La cama era muy cómoda. Lo comprobé de inmediato, echándome un sueñito. Nunca me gustó dormir la siesta, pero esa tarde hacía mucho calor y venía de cabalgar un día y medio.

A la tardecita vinieron algunos amigos de los Aldao y todos bajamos al río: el fondo de la casa daba a una barranca que caía directamente sobre el recodo del Salado que rodea a la ciudad.

Roberts volvió a sorprenderse al ver que hombres y mujeres se bañaban juntos. Pero sólo se admiró, no se escandalizó: bien que aprovechó para retozar en el agua con las chicas. Por otra parte no había mucho de qué escandalizarse, ya que todos estaban casi tan vestidos como siempre. Los hombres con camisas y calzoncillos largos, las mujeres con enaguas que les cubrían todo el cuerpo. Yo, por ser el más chico, al menos me bañé sin camisa y pude refrescarme y nadar con más libertad. Los esclavos también se bañaron, a cierta distancia, y pude ver que Domingo lo estaba pasando muy bien: había varios chicos y se divirtió mucho más que yo.

Cuando salimos del agua ya era de noche. Todos trepamos la barranca para ver salir la luna; según Florencia, no faltaba mucho y era el mejor lugar. Roberts, a sus anchas, seguía rodeado por varias muchachas, cautivadas por su pelo rubio y sus modales europeos. Rodrigo y Ana se apartaron un poco de los demás, bajo un sauce que parecía muy a propósito para aislarlos, y se quedaron conversando lejos de oídos indiscretos. Pero no de miradas: noté que Florencia los ojeaba disimuladamente.

Me acerqué a ella: era la única persona cercana a mi edad, tendría unos catorce años, y no parecía muy antipática, aunque fuera una chica.

Me senté a su lado con naturalidad y comenté de paso:

–Parece que tu hermana y mi tío se llevan bastante bien.

–Más que eso –dijo ella, con una sonrisita pícara–. Hace unos años anduvieron de novios...

–¿Anduvieron?

–Sí, ¿no sabías? Ah, claro, eras muy chico entonces... ¿Querés que te cuente?

–Bueno... –me encogí de hombros, fingiendo poco interés.

–Fue hace... tres años, sí, justo para el cambio de siglo. Tu tío pasó una temporada aquí, invitado por Luis. Fueron compañeros en la universidad, ya sabés. También vino ese odioso de Alfonso Echeverría...

A la mención de Alfonso estuve a punto de contarle a Florencia el incidente, pero Rodrigo me había pedido reserva. La familia de Alfonso tenía viejos lazos de amistad con los Aldao, y quería evitarles el disgusto. Fue un error, pero entonces no podíamos saberlo. Igual no habría podido meter baza, ya que Florencia seguía embalada hablando:

–Y los dos le anduvieron arrastrando el ala a Ana, pero ella siempre prefirió a Rodrigo. Los vi besándose varias veces. ¡En la boca!

A mí me daban un poco de asco los besos en la boca, pero ella parecía fascinada.

–¿Y qué pasó? ¿Se pelearon?

–Sí, por desgracia. Nunca supe bien por qué, pero creo que fue culpa de mi hermana. Siempre fue algo caprichosa y cuando se equivoca le cuesta reconocerlo.

–¿Y vos creés que ahora...?

–¡Mirá, Pedro! ¡La luna!

Ahí se asomaba, justo enfrente, enorme y rojiza.

–Parece que sangrara... –dijo Florencia– Como un corazón herido de amor...

Tanto romanticismo empalagaba. Desvié la vista hacia el sauce. Rodrigo y Ana también miraban la luna. Luego se miraron entre sí. Sus rostros se acercaron...Cuando creí que iban a besarse, ella se puso de pie y se fue hacia la casa. Rodrigo esperó un tiempo, se incorporó también y se fue por donde ella se había ido.

Durante la cena participaron de la conversación general, cuyo centro fue generalmente Roberts. Pero se cruzaron miradas que parecían hablar... En la sobremesa, cuando Rodrigo tocó la vihuela y cantó, lo hizo para ella. Y cuando le tocó a Roberts, que entonó una balada escocesa que hablaba de un lago y dos amantes que se separaban, él se sentó junto a ella y sus manos se buscaron.

Tardé en quedarme dormido. Lo oí llegar a su cuarto, contiguo al mío. Silbaba la balada escocesa.

Capítulo VII

Al otro día nos levantamos bien temprano. Luis Aldao iba a guiar a Rodrigo y Roberts a la estancia de su tío Candioti. En Arroyo Hondo, del otro lado del Paraná. Gregorio y yo íbamos a acompañarlos.

Después del desayuno, mientras Luis Aldao les indicaba la mejor manera de llegar, aproveché para dar una vuelta por el patio de atrás y ver qué era de Domingo.

El muy sinvergüenza lo estaba pasando de lo mejor: había exagerado bastante la riqueza de nuestra familia y su propio papel en la economía de la casa. Y para los negritos locales este porteño era una especie de gran personaje. Por poco no le agradecían que se dignara jugar con ellos. Sobre todo Josefina, una negrita pizpireta, la esclava personal de Florencia.

Cuando nos vio se me acercó enseguida y me trató de "niño" y "amito" con mucha seriedad.

–Domingo, vamos a lo de Candioti. ¿Vos te quedás, o querés venir conmigo?

–¿Es lejos?

–Hay que cruzar el río.

–¿A caballo?

–No creo. Pero hay que cabalgar un trecho después.

–Entonces preferiría quedarme, si le parece bien al niño.

47

Estuve a punto de ordenarle que viniera para bajarle el copete, pero me dio no sé qué hacerlo quedar mal frente a sus nuevos amigos.

–Al "niño" le parece bien... –dije acentuando el tratamiento. Y agregué en voz baja–: Y dejá de hacerte el negro ladino...

Lo dije de un modo que lo hizo reír. Le pegué suavemente en el cachete, y lo dejé volver con su séquito.

Cuando volví al patio principal, alguien me esperaba en la ramada.

Ana.

–Buenos días, Pedro –me saludó.

–Buenos días, señorita Ana –respondí con una timidez que yo mismo no comprendía–. Si me disculpa, debo ir con mi tío.

–Esperá un momento –me detuvo con gracia pero con firmeza–. Todavía no salen. Tengo que pedirte algo antes.

–¿A mí?

–A nadie más. Es un mensaje para tu tío. ¿Puedo confiar en tu discreción?

–Si eso quiere decir que no se lo diga a nadie más, sí, claro, puede confiar en mí.

Me sonrió, y yo no me hubiera cambiado por un príncipe heredero.

–Estaba segura de eso. Quiero que le digas que le daré una respuesta cuando vuelva de Arroyo Hondo.

–Una respuesta cuando vuelva... ¿Eso es todo?

–Por ahora es todo. Te lo agradezco mucho.

Me besó en la mejilla. Sentí que me quemaba. Debo haberme puesto como un tomate. Ella sonrió, divertida, y sólo empeoró mi turbación cuando agregó:

–Vos también romperás corazones algún día. Te parecés mucho a él.

Enseguida se fue a su habitación. Dejó un aroma de jazmines flotando en el ambiente y un corazón infantil alborotado.

Cuando llegué a la puerta, ya traían los caballos.

-¡Pedro! -exclamó Rodrigo- Ya era hora. Un minuto más y te dejábamos aquí.

Supe por el tono que bromeaba.

-Me demoré un poco porque me encontré con Ana... -dejé caer, y sin esperar su reacción me apoyé en el estribo de mi alazán y monté.

Rodrigo tomó las riendas de su árabe y se le subió en un solo movimiento.

Me miró, su interés disfrazado en una sonrisa burlona.

-¿Y? ¿Te dijo algo?

-¿Algo como qué?

Esta vez me miró con muy poca paciencia. Me apresuré a repetir el mensaje de Ana.

Por un segundo Rodrigo pareció desconcertado; enseguida recuperó su aplomo, y comentó riendo:

-Pensándolo bien, no podía esperar nada diferente. Cada cosa a su tiempo.

-¿Qué sucede, mi amigo? -preguntó Roberts- ¿No sos listo a ir?

-Soy listo, James. ¡Adelante!

Y arrancamos al trote largo, saludando a los Aldao, que habían salido a despedirnos. Todos menos Ana.

Pronto tuvimos a la vista la corriente ancha y barrosa del Paraná, imponente al pie de las barrancas del lado oeste, aunque no eran tan marcadas como las de Rosario.

Bajamos la barranca con precaución pero sin dificultad y luego Luis nos condujo hasta la balsa que cruzaba viajeros hasta la orilla opuesta.

En el cruce sentí de pronto una emoción violenta, una excitación salvaje que tendría algo que ver con el viento norte que me sacudía el pelo y las crines del alazán, o con la corriente que fluía mansa y tenaz al encuentro del Uruguay, allí donde se citaban para formar nuestro mar Dulce.

Vi pasar camalotes que quizás vendrían de las lejanas Misiones, o de oscuras selvas en el corazón del Brasil. Un temblor impensado me sacudió la espina cuando recordé que, ocultos en el follaje, solían derivar feroces yaguaretés o temibles anacondas.

Por fin, casi demasiado pronto para mí, alcanzamos la ribera oriental.

En un trote ganamos la Bajada. Era un caserío. Unos cuantos ranchos desperdigados alrededor de una capilla de barro y techo de paja que en unos años los convertiría en un pueblo, como comentara Luis Aldao.

El resto de la Bajada estaba sembrado de cráneos y osamentas de ganado vacuno, que los criollos sacrificaban en el lugar para cuerearlos. Por todos lados pululaban caranchos, chimangos, gaviotas y perros flacos, limpiando de carne magra los huesos dispersos, y por donde uno mirara se agregaban chanchos y aves de corral, ocupados en comer cualquier desperdicio. Cuando se levantaba un poco de viento había que taparse la nariz con un pañuelo.

Pero en cuanto dejamos atrás el matadero, la vista de la tierra entrerriana me volvió a calentar la sangre. El pasto era más verde que en la otra orilla y el terreno ondulado, quebrado por densos montes de algarrobo y cardales interminables que llenaban el aire de panaderos flotantes y añadían el color púrpura de sus flores al juego de tierra verde y cielo azul.

Hasta llegar a destino cruzamos un par de arroyos y más vacas, caballos y mulas de los que había visto en toda mi vida.

De vez en cuando veíamos peones, algunos sin camisa como los indios. Invariablemente nos saludaban con un brazo en alto, y nosotros respondíamos del mismo modo.

Luis Aldao nos informó que todo aquello, del río al horizonte, era propiedad de don Francisco. Y ya llevábamos un buen rato cortando campo.

–¿Cuánta tierra tiene? –preguntó Roberts.

–Unas trescientas leguas cuadradas –contestó Rodrigo.

El inglés hizo un rápido cálculo mental y lanzó un silbido de admiración.

–Son dimensiones americanas... –sonrió Rodrigo.

–Un hombre puede hacer fortuna aquí –reflexionó Roberts.

–Y Candioti es un buen ejemplo –siguió Rodrigo–. Desde que era muy joven ha ido ocupando tierras, y al mismo tiempo inició un importante tráfico de mulas al Perú. Todos los años las cría aquí, en estos campos que como verás son ricos en pastos, y lleva un arreo considerable a los mercados de Salta. Su patrimonio es incalculable.

–Hay quien le atribuye medio millón de pesetas en onzas de oro... –agregó Aldao–. Nuestro anfitrión es el hombre más poderoso y respetado de Santa Fe. Y todo un personaje, como podrá comprobar, míster Roberts. Lo llaman el príncipe de los gauchos.

No tardamos en atravesar el arroyo Hondo que daba nombre a la estancia. Poco después el número de peones, ganado, caballos y mulas nos dijo que nos acercábamos al casco.

Pronto lo tuvimos a la vista: un rancho grande, siempre de adobe y techo de paja, y junto a él una "L" de galpones y ranchos menores para la peonada.

Más allá se veían un chiquero y cuatro corrales enormes, vacíos. Cuando miré en su dirección vi cuatro jinetes que nos salían al encuentro. El primero un gaucho fornido de bigotazos negros, que no podía ser otro que el capataz. Nos saludó tocándose el ala del sombrero, se presentó (Benito Aguilera) y anunció:

–Don Francisco tendrá mucho gusto en recibirlos. Manda decir que ya ordenó carniar una ternera pa celebrar la ocasión. Y ahura, si gustan, sirvansé acompañarnos.

51

Luis y Rodrigo aceptaron de buen grado, retribuyendo el saludo, y fuimos al trote hacia el rancho principal.

No bien nos apeamos, don Francisco salió de la casa. Su aspecto colmó con creces nuestra expectativa (la mía y la de Roberts, que no lo conocíamos).

Parecía un patriarca del Antiguo Testamento, o más bien, como observaría el inglés más tarde, un jefe vikingo. Tenía a la sazón unos sesenta años, pero seguía siendo fuerte como un toro. Era alto y corpulento. El pelo y la barba blancos habían sido rubios como sus cejas, y tenía los ojos muy azules, como los de un chico. Ese día llevaba un chaleco blanco bordado sobre la camisa paraguaya, y un poncho de vicuña al hombro. El pantalón de terciopelo negro, sujeto por una faja roja, le llegaba hasta abajo de la rodilla por donde asomaba el calzoncillo de seda, a la usanza de la época. Usaba botas de potro cerradas, con las puntas hacia arriba, y a la cintura un enorme facón con mango de plata. No lo llamaban el príncipe de los gauchos porque sí.

Efusivo, saludó con simpatía a Rodrigo, Luis y Gregorio, y con cordialidad a míster Roberts.

A mí me dio una palmadita en la cabeza, recordó lo mucho que me parecía a mi padre y reconoció en mis ojos los de mamá, lo que siempre me produjo cierta emoción y simpatía por quien lo observaba.

Enseguida invitó a los mayores a pasar al rancho, y a mí me dejó en libertad para bajar al arroyo si quería. Acepté encantado. Prefería mil veces explorar por ahí a quedarme oyendo aburridas charlas de negocios.

Candioti agregó que en cuanto viera a su muchacho, que era como de mi edad, lo mandaría a hacerme compañía. Me dijo que tomara cualquier caballo, mientras el mío descansaba del camino.

Me sorprendió un poco que un hombre de sus años tuviera un hijo tan joven. En fin, al menos había otro chico y no la pasaría mal.

Uno de los peones, atento a las órdenes del patrón, me trajo un tobiano lindísimo, ensillado y enfrenado. Lo monté y salí como chiquetazo rumbo al arroyo, el viento en la espalda.

Desmonté junto a la orilla, y al tocar el suelo me acordé de golpe de que las botas me seguían matando. Me las quité en cuanto maneé el caballo, no sin esfuerzo, me arranqué las medias con un par de tirones y mis pies volvieron a respirar. Aliviado, caminé sobre el lodo fresco de la orilla y entré unos pasos en el arroyo.

Al principio chapoteé un poco, como un chiquillo, pero enseguida reparé en que había peces nadando cerca del fondo. Mojarritas, tarariras y bagres. Los bagres son vivos, pero muy curiosos. Decidí tratar de atrapar uno, siguiendo una técnica que me había enseñado un viejo negro. El agua apenas me alcanzaba las pantorrillas.

Me agaché, y como al descuido introduje una mano en el agua y la mantuve inmóvil, cuidando que mi sombra se proyectara hacia el otro lado.

Pronto un bagre vino a ver qué era ese extraño objeto y se me puso a tiro. Eché el manotazo, pero el muy pícaro se avivó a último momento y apenas alcancé a sentir cómo se escapaba de entre mis dedos su cuerpo resbaladizo. Tanto como el fondo del arroyo: perdí pie y caí sentado en el agua.

A mis espaldas, alguien rió con ganas.

e di vuelta.

Sobre la barranca que daba a la orilla, montado en un caballo blanco, un chico rubio me miraba divertido. Llevaba una camisa abierta, que le dejaba el pecho al descubierto, y un chiripá. Iba descalzo.

Se había reído de mi resbalón, pero su risa no era ofensiva sino contagiosa, así que terminé riendo yo también. El desmontó y se me acercó, mientras yo salía del agua y me sacudía la mojadura como un perro. Cuando lo tuve enfrente comprobé que teníamos la misma altura y seguramente la misma edad. Sus ojos eran iguales a los de don Francisco.

–Hola –saludé, extendiéndole la mano–. Sos Rafael, ¿no?

–Ajá. Y vos serás Pedro de la Cruz –contestó él, recibiendo mi mano en la suya–. Tata dijo que andarías por acá. ¿Pescaste algo?

–Puede que un resfrío –respondí.

Volvió a reír, y otra vez me hizo reír a mí.

–En ese caso, poné la ropa a secar y vamos a nadar en serio –propuso, a tiempo que se quitaba la camisa.

No lo pensé dos veces. Me saqué la ropa mojada y me zambullí con él en el arroyo. Me desafió a una carrera hasta la orilla opuesta; me esforcé, pero no pude ganarle: nadaba como un dorado.

Llegué un par de brazadas detrás. El ya trepaba a la orilla; me dio el brazo para ayudarme a salir. No bien estuve de pie, me derribó de un empujón.

—Ahora quiero ver si sabés peliar.

Lo miré: parecía fuerte, pero no más que yo. Y bueno, yo no era de buscar pelea pero tampoco de rehuirla, así que pregunté:

—¿Vale todo?

—Como gustés...

De un salto me lancé sobre él. Tras un breve forcejeo en el que procuramos voltearnos mutuamente, caímos al suelo entreverados y rodamos hasta ir a parar al arroyo. Seguimos luchando varios minutos, dentro y fuera del agua. Este Rafael era duro y no aflojaba, pero yo siempre he sido porfiado: y aunque me apuró bastante tomándome la cabeza, al fin conseguí ponerlo de espaldas, me senté sobre su pecho y le sujeté las muñecas, todo esto al borde del arroyo.

—Tá bien, me doy —aceptó sin perder la sonrisa—. Sos güeno peliando, porteño...

—Vos también —reconocí, magnánimo, y me paré. Pero él, que si no la ganaba la empataba, desde el suelo me trabó un pie con el suyo y me hizo caer sentado al arroyo. Alzó las manos como disculpándose.

—Dijimos que valía todo... —comentó, risueño.

Entonces se arrodilló y me dio el brazo para sacarme del agua. Por supuesto, le di un tirón y lo metí al arroyo de cabeza. Salió boqueando.

—Sos de los míos, Pedro...

—Y... a guacho, guacho y medio.

Por un instante se puso serio, pero enseguida vio en mi cara que no había intención de ofender (a mí ni se me había pasado por la cabeza) y volvió a reír conmigo.

Entonces salimos de nuevo a la orilla. A un tiempo tratamos de empujarnos, patinamos los dos y caímos en el pasto. Los dos nos pegamos un flor de golpe, pero la caída había sido tan cómica que seguimos riéndonos hasta que nos dolió la barriga.

En eso oímos el canto de un pájaro, muy próximo. El miró hacia un juncal, y yo seguí sus ojos, pero no vi nada. Me volví a preguntarle de qué se trataba; me hizo una seña para que me quedara callado y con un movimiento casi imperceptible me señaló hacia dónde debía mirar.

Entonces yo también lo vi. Un pajarito multicolor, lindísimo, que volvió a desgranar su trino entre los juncos.

—Es un sietecolores —me informó Rafael, en voz baja—. Traen buena suerte, sobre todo si no se vuelan en cuanto los ves.

El augurio sería muy bueno, porque el pájaro seguía allí, cantando.

—Ha de tener el nido en el juncal —dijo Rafael, con el afecto de quien habla de un buen amigo—. Menos mal que no nos tocó una viudita...

—Sí —asentí—. No es bueno verlas, sobre todo después del mediodía.

—¿Y de ánde sabés eso?

—Yo también me crié en el campo. Bueno, todos los veranos voy, quiero decir.

—¡Ahora entiendo por qué me ganaste! —Rafael parecía entusiasmado por la revelación— ¿Y serás de a caballo, también?

—Desde que tenía tres años.

Hice un gesto hacia el tobiano maneado cerca del arroyo.

—Sí... —observó él—. Tata no le daría ese pingo a cualquiera. ¿Conocés a los pájaros por el canto?

—Algunos —dije, y para probarlo escuché con atención los llamados que venían del monte cercano—. Ese es un hornero... El que canta por allá, un cabecita negra... ¡Un chingolito!... Ése un teru-teru, claro... y ése... no sé, no lo había oído antes...

–Eso es una chuña. No ha de haber más al Sur, por eso no la conocés. Son parecidas a los chajás, pero más flacas, tienen patas largas y el pico quebrao, así...

En eso una calandria vino a posarse en un algarrobo cercano y emitió un canto como nunca había oído. Para mi sorpresa, Rafael reprodujo con exactitud las últimas notas. El ave a su vez le contestó, con una variante al final; él repitió el canto otra vez pero agregó un nuevo silbido, ¡y la calandria volvió a contestarle! Siguieron así unos minutos, en un contrapunto cada vez más melodioso. Tuve la impresión de ser el único testigo de algo mágico: como en un trance, me hice cómplice de esa extraña comunicación y traté de absorber cada momento. Los silbidos iban y venían entre chico y pájaro, un himno a la libertad, o al cielo muy azul, o al verde de la pampa o a cualquier cosa sin límites.

Al pie de una entrada de la calandria Rafael me invitó con un gesto a que le respondiera. Desprevenido, vacilé; él insistió con la mirada. Entonces silbé. Con un resultado desastroso: pifié la mitad de las notas. La calandria movió la cabecita como desconcertada, abrió bien la cola blanca y gris, reprodujo a la perfección mis cuatro o cinco disonancias y... se voló.

Rafael no podía parar de reírse, y otra vez me contagió.

–Pedro... –me dijo al fin–, sos un buen peliador y nadando te defendés. Pero yo que vos no me metería a payador.

Tuve que reconocer que tenía razón. Pero el asombro me duraba, y quise saber:

–¿Cómo hiciste, Rafael?

–¿Con la calandria? No es la primera vez, viene seguido al arroyo y se posa siempre en el mismo árbol. Un día empezamos, no sé cómo, y parece que le tomó el gusto. Las calandrias imitan el canto de otros pájaros, y hasta los gritos de algunos animales. Yo debo ser medio calandrio...

–Imitá otros pájaros... –le pedí, entusiasmado.

No se hizo rogar. Pasó por un chajá, un tero, una torcaza, el "curí-curí" de un chingolo y varios más; agregó el maullido de un gato, un gruñido como de tigre, un rebuzno de mula, y coronó la función con una presunta discusión entre una gallina y un pato que volvió a provocar mi hilaridad y mi aplauso.

Cuando terminó, se hizo visera con la mano para mirar hacia el sol, y recordó:

–Ya debe estar listo el asao... ¿Tenés hambre?

–La verdad que sí...

Nos pusimos de pie. Ya me disponía a vadear el arroyo cuando él me atajó con el brazo.

–Pará, pa qué te vas a mojar...

Y silbó para adentro, como chupando. El blanco, en la orilla opuesta, rodeó la barranca y cruzó el arroyo hacia nosotros. Recién entonces caí en la cuenta de que Rafael no lo había dejado atado. Mi nuevo amigo no dejaba de sorprenderme.

Me enanqué tras él, y llegamos a la otra orilla sin que nos tocara una sola gota. Allí nos vestimos, yo me subí al tobiano y volvimos a las casas al galope.

En el camino me mantuve a la par de Rafael, que montaba como todo un gaucho, y supongo que terminé de ganarme su aprobación. De ahí en más seríamos amigos de por vida. Lo supe entonces.

Rumbo al casco, noté que a la distancia se veían gauchos rodeando y arreando una multitud de animales: vacas por un lado, yeguarizos por otro, pero sobre todo mulas.

La cantidad de ganado mular que había era realmente impresionante. No pude dejar de preguntar:

–Rafael... ¿por qué juntan tantas mulas?

—Tata está preparando el arreo... Todos los años lleva seis mil cabezas a Salta pa venderlas en la feria.

—¿Seis mil?

—Mulas más, mulas menos. Y no es fácil... –rió Rafael–. Una sola mula le complica la vida al más baquiano. Imaginate seis mil.

—¿Vos vas a ir?

—Ajá. Ya hace dos años que Tata me lleva.

—Debe ser toda una aventura –comenté, envidiándolo.

—Y mucho trabajo. Pero es lo que más me gusta hacer. Cabalgar todo el día, dormir al sereno... –Rafael aspiró con fuerza– ¡Mmm! ¿Olés el asado?

Casi sin darnos cuenta, ya llegábamos a las casas. Y sí, el aroma mareaba. Recién ahí me di cuenta de lo hambriento que venía.

Eso se solucionó pronto. Un rato después estaba tan lleno de asado con cuero, carbonada y empanadas, que casi no me quedó lugar para los pastelitos.

Don Francisco había hecho poner una mesa alargada afuera, frente al rancho principal, y allí nos sentamos los invitados, incluyendo a Gregorio, el capataz de don Francisco y un par de muchachos, hermanos mayores de Rafael. No había mujeres, lo que me llamó la atención; luego supe que la esposa y las hijas de Candioti vivían en su casa del pueblo.

Durante el almuerzo todos anduvieron muy locuaces y del mejor humor. En parte porque Roberts y don Francisco habían llegado a un acuerdo muy satisfactorio para los dos, y en parte porque nadie le mezquinó el pico al vino.

A Rafael y a mí nos dejaron tomar un vasito de sangría. Se me ocurrió la mala idea de comerme las frutas y terminé con un mareo de padre y señor mío. Pero antes de eso pude atender a la conversación de los mayores.

Roberts no se cansaba de elogiar el asado, jugoso, como les gusta a los ingleses. Tanto que fantaseó con la posibilidad de exportar la carne a Europa. Pero don Francisco y Rodrigo lo volvieron a la realidad. La única forma de conservar la carne en un viaje tan largo habría sido secarla y salarla, es decir como charqui, y eso le haría perder todo el sabor. Y llevar los animales vivos no era práctico: un gran número moriría en el viaje, y los que llegaran lo harían en un estado que obligaría a una nueva inversión para engordarlos. A don Francisco le parecía un pecado que se echara a perder la carne de los animales que se cuereaban, pero hasta que a alguien se le ocurriera poner un saladero y encontrar clientes, no era negocio.

Rafael miraba a su padre con admiración y recibía cada una de sus frases como quien escucha a un oráculo infalible. Y es que don Francisco realmente recordaba a un patriarca. Infundía respeto, pero al mismo tiempo su afabilidad lo hacía agradable. Era fácil comprender la devoción que le profesaba su gente: tenía fama de justo y ecuánime. Lo comprobaríamos.

Rodrigo le preguntó por el arreo, y don Francisco confirmó que, en efecto, partirían en pocos días. Ya había reunido a casi toda la gente y ahora sólo faltaba terminar de juntar animales y pertrechos.

Como Roberts no estaba en el tema, don Francisco le amplió la historia de sus arreos de mulas. Siendo muy joven, en un viaje al Perú, había descubierto el mercado de Salta, que aprovisionaba las minas de Potosí con esos animales, utilísimos en la montaña. De regreso en Santa Fe, ocupó tierras y se dedicó a la cría de caballos y mulas amén de los vacunos. También llevaba mercaderías de una zona a la otra en carretas llenas.

Don Francisco era un excelente conversador. Pintó con palabras los montes de quebracho, el verde de Tucumán, los valles calchaquíes y sobre todo la belleza de Salta y ese mercado pintoresco. No sólo a mí me brillaron los ojos: también a Roberts, para quien todo era nuevo, y que como suelen los ingleses se moría por conocer lugares exóticos y salvajes (él usaba la palabra "wild").

Vi con esperanza que la relación del viaje también había cautivado a Rodrigo. Viajar era su ambición secreta, y la vida libre y violenta del gaucho lo fascinaba tanto como a mí. Sin duda lo llevábamos en la sangre.

Por cierto, don Francisco no ahorró comentarios sobre las dificultades de la empresa: a veces había que soportar secas o bien tormentas, y no faltaban salteadores ni guaycurúes dispuestos a robar caballos. Aunque los bandidos no se metían con un grupo tan numeroso y bien armado: Candioti llevaba no menos de cincuenta gauchos, con carabinas, trabucos, facones y boleadoras para dar y prestar. Y los indios se habían mantenido en paz con don Francisco, que había sabido ayudarlos en ocasiones.

Entre las dificultades, como había dicho Rafael, las propias mulas no eran la menor. Según don Francisco se asustaban hasta de sus sombras. Bastaba que olieran un tigre para que salieran disparadas en dirección contraria. Si a alguna madrina se le ocurría empacarse, era capaz de dejar a toda la tropa parada hasta cambiar de idea. Y cuando se les metía en la cabeza seguir un rumbo, lo más probable es que fuera cualquiera menos el de Salta.

Pero a esta altura ya no había inconveniente que pudiera amilanar a los dos aventureros, el porteño y el inglés. Les bastó un breve cabildeo para ponerse de acuerdo. Con su verba más florida, Rodrigo le expresó a don Francisco su deseo de acompañarlo hasta Salta, donde su amigo Roberts podría llegar a establecer nuevas relaciones comerciales que, a su vez, redundarían en beneficio de todos.

Don Francisco, un poco chispeado también, aceptó con mucho gusto, y más todavía cuando Gregorio Vargas, que sí entendía de arreos, pidió incorporarse a la partida si su patrón no se oponía. Su patrón, magnánimo, no sólo no se opuso sino que ofreció hacerse cargo de su paga, lo que don Francisco rechazó con cortesía pero con firmeza. Él conocía bien que Vargas no era manco para el caso.

Era mi oportunidad, y no podía dejarla pasar. Ahí nomás pedí:

–Tío, ¿yo puedo ir también?

Me miró con cierta sorpresa. Antes de que reaccionara, me apresuré a exponer argumentos:

–Rafael va a ir, y tiene mi edad. Además, vos dijiste que en un viaje uno aprende más que en un año entero en el colegio de San Carlos. Y soy buen jinete, ya sabés. ¿No, Rafael?

–Pedro maneja un pingo tan bien como yo. Y en el arreo, lo puedo apadrinar.

–Para mí, el muchacho es bienvenido –declaró don Francisco–. Si te parece bien, Rodrigo, claro está.

–Dale, tío, ¿sí?

–Estoy pensando en lo que diría Eugenia...

–Ella no me dejaría. Pero vos sí, ¿verdad?

Rodrigo me miró divertido.

–El día que te enseñe a jugar al monte me dejarás en la miseria. Y bien, ahora estás a mi cargo, y no al de tu tía. Podés venir, sobrino.

Grité mi agradecimiento, entusiasmado.

–Eso sí: durante el arreo obedece todo lo que le manden, trabaja a la par de cualquiera y se me porta como si fuera un señorito educado.

–¿Cómo si fuera...? –repetí.

–Pedro, te conozco...

Todos rieron, y ya no me prestaron atención. Rodrigo se volvió a don Francisco para arreglar su participación y ofrecer alguna ayuda que Candioti rechazó, generoso.

Yo miré a Rafael. Estaba muy contento.

–Me alegro de que vengas –me dijo–. La vamos a pasar muy bien.

Entonces todo parecía fantástico. Y lo sería, pero también complicado y peligroso. Mucho más de lo que yo imaginaba.

Capítulo IX

Hubo dos personas a quienes la idea de nuestro viaje no les resultó tan atrayente.

La primera fue Domingo. De vuelta en lo de Aldao, para mi ingrata sorpresa, en cuanto le hablé del tema me dijo muy suelto de cuerpo que no tenía ningún interés en acompañarnos.

Me decepcioné. Un poco egoístamente; sabía que el viaje no sería tan divertido para mí sin mi compinche. Una vez más tenía que convencerlo, y esa cabeza dura daría trabajo...

–¿Y qué vas a hacer? ¿Quedarte aquí?

–Sí, claro. Es justo como vos decías. La fruta es buena, me puedo bañar en el río, la gente de la casa me trata bien y los negros son muy buenos conmigo. ¿Por qué m'iba a dir?

Lo peor de todo es que tenía razón. Había que buscar algún argumento contundente.

–Pero si te quedás acá, te van a tratar como a un esclavo, y vos sos libre...

–Estos señores tratan a los esclavos mejor que muchos tratan a los sirvientes, niño Pedro...

–Te dije que no me digas niño.

–Bueno, Pedro entonces. Además, si soy libre, como vos decís, puedo elegir quedarme acá.

Si lo dejaban estudiar, este negro podía llegar a ser un buen abogado. Entonces se me ocurrió una idea infalible.

–¿Y quién te dijo que te vas a quedar acá si no venís conmigo?

–¿Y ánde voy a dir sin mi amito?

–¿Sabés adónde? De vuelta a Buenos Aires con el primer tropero. Vos no sos de la casa, y si no te pueden hacer trabajar tampoco te van a dar de comer. ¿O te creés que vas a hacer de florcita?

Domingo palideció un poco. Eso no se le había ocurrido.

–Y cuando te manden a Buenos Aires, ¿sabés lo que te espera? Derechito al servicio de tía Eugenia hasta que yo vuelva.

Esta vez Domingo me miró fijo. Vi el pánico en el fondo de sus ojos vivos.

–Podés pasarte dos meses lavando pisos, puliendo cacerolas, haciendo mandados y ligando coscorrones... O podés conocer lugares interesantes, comer asado y sandía todos los días, nadar en las lagunas cuando acampemos... Ver al Cristo del Milagro en la catedral de Salta... Y ni siquiera tenés que andar a caballo.

–¿No?

Le di el tiro de gracia.

–Podés ir en una de las carretas de provisiones... Donde llevan la fruta, y el azúcar...

Domingo tragó saliva.

–Y... ¿cuándo salimos?

Estaba solo en la sala, leyendo la vida de algún santo (no había otra cosa). Caía la tarde. De pronto se me juntaron todo el ejercicio de la mañana, el almuerzo pesado, la fruta borracha y la esgrima mental para convencer a Domingo. Sin que me diera cuenta, el libro se me deslizó de las manos. Cerré los ojos...

Me despertaron las voces de dos personas que discutían.

Rodrigo y Ana.

Juzgué que presentarme sería una indiscreción, y permanecí inmóvil. Además, para qué negarlo, quería saber por qué disputaban.

—Yo supuse que te quedarías aquí un tiempo... —rezongaba ella, como una niña enfurruñada.

—Pero Ana, es apenas por un par de meses. Luego volveré a Santa Fe y me quedaré contigo todo el tiempo que desees.

—Rodrigo, yo creía que habías venido especialmente para verme...

—Vos sabés que ésa es la razón principal, la verdadera razón de este viaje. Necesitaba hablar con vos, y ahora que nos hemos dicho lo que debimos decir entonces, comprenderás que no puedo dejar pasar esta oportunidad de ampliar horizontes y quizás hacer fortuna. Es un buen momento para...

—Para marcharte y dejarme otra vez. Justamente ahora, que hemos aclarado todo y que sabés cuánto te quiero.

—Y yo a vos. Pero este viaje podría ser muy beneficioso para los dos.

—¿Qué querés decir?

—Bueno, no quiero apresurar las cosas, Ana, no me apures.

—Sigo sin saber qué querés decir.

—Pues... dejémoslo así. A mi vuelta podremos hablar con más tranquilidad.

—A tu vuelta... Siempre me dejás...

—No, mi amor, es apenas una separación breve...

De pronto la voz de ella cambió de tono.

—Esperá un momento... ¿Y si voy con vos?

-¿Cómo?

-Hace tiempo que deseo volver a Salta. Viví allí unos meses cuando era chica. Hay una vieja casona que debo visitar otra vez...

-Ana, por favor... No podés pensar seriamente en venir conmigo.

-¿Por qué no?

-Una señorita no puede viajar con un arreo.

-Puedo andar a caballo tan bien como vos.

-No es ése el tema. Vos sabés a qué me refiero. Estarías rodeada de hombres.

-Siempre lo he estado, y sé cómo manejarlos. Por otra parte, sería en compañía del que más me interesa. ¿O no querés que esté con vos?

-Por supuesto que sí, amor, ¡pero no en medio de seis mil mulas y cincuenta arrieros! Por otra parte, ¿qué pensarían tu madre y Luis?

-Yo puedo convencerlos.

-Ana, es una locura. Me opongo terminantemente.

Rodrigo habló con una vehemencia infrecuente en él. Ana hizo una pausa. Su voz volvió a ser la de una chiquilina ofendida.

-¿Entonces no querés que vaya, y vos te irás aunque yo no lo quiera?

-Ana, por Dios, es por poco tiempo. Y cuando vuelva, si todo sale bien, podré...

Rodrigo se interrumpió.

-¿Podrás qué?

-Podré tener una posición que me permita sentar cabeza.

-¿Y entonces?

-Entonces llegará el momento de... En fin, entonces estaré en condiciones de...

-¿Sí?

La voz de Ana sonó mucho más cercana a la de Rodrigo.

–Entonces te diré...

–¿Qué?

–Te lo diré entonces.

–Y yo te besaré entonces.

Oí unos pasos rápidos. Una puerta se abrió y cerró con fuerza.

Me asomé con disimulo. Vi a Rodrigo, parado de espaldas a mí, solo en la habitación.

Tosí, y se volvió.

–¡Pedro! ¿Te parece bien espiar a tus mayores?

–No estaba espiando. Me quedé dormido acá –expliqué–, y no pude evitar...

–Está bien, está bien, no te preocupes. Si algún día entendés a las mujeres, por favor avisame.

–Si vos no las entendés...

–No es que no las entienda. En realidad, creo que en el fondo las entiendo demasiado bien. Es sólo que no se comportan con lógica. ¿Me seguís?

–La verdad, no mucho.

–Ya comprenderás. En un par de años, tal vez.

–¿A las mujeres?

–No. A ellas no las entenderemos nunca.

Entonces cayó en la cuenta de que lo que acababa de decir era contradictorio y sonaba a disparate, y yo debo haberle parecido tan confundido que sólo pudo revolverme el pelo y reírse. Lo acompañé. Me pareció lo mejor, dadas las circunstancias.

Capítulo X

Al otro día, un sábado, don Francisco bajó a Santa Fe para arreglar el papelerío con Roberts, y Rafael lo acompañó.

Llegaron a lo de Aldao a media mañana. Yo jugaba a la pallana con Domingo; Rafael se nos agregó sin ningún problema. Eso me cayó bien: en Buenos Aires conocí chicos que no se "rebajaban" a jugar con un negrito. Pero ésos nunca me interesaron como amigos.

Mientras jugábamos en el patio vi que Ana conversaba en la sala con su tío. Al cabo de unos minutos la vi salir contrariada. Era evidente que don Francisco tampoco aprobaba que una mujer acompañara el arreo. Aunque ella seguramente congeniaría muy bien con las mulas.

Los Candioti se quedaron a almorzar; don Francisco retribuyó atenciones invitando a todos a cenar en su casa. Y le dio permiso a Rafael para quedarse con nosotros hasta la tardecita, a pedido de Florencia, que respaldé de buen grado.

Así que a la tarde, los mayores santafecinos se dedicaron a dormir la siesta, Roberts a cabalgar por la ribera y Rodrigo a reconciliarse con Ana (o volver a discutir, no estoy muy seguro). Mientras Florencia, Rafael, Domingo, Josefina y yo pasábamos la tarde en el río, nadando, edificando castillos con el barro de la orilla y volviendo a nadar.

Florencia era sorprendente: nadaba tan bien como Rafael, y así, con el cabello suelto hasta la cintura, era bastante interesante. Ya tenía catorce años, y... bueno, su figura era diferente. Ya no era una tabla por adelante, si me explico. Sobre todo cuando salíamos del río y la enagua se le pegaba al cuerpo.

Debo haberme fijado mucho en la diferencia, porque vi que se ajustaba los breteles caídos y me sonreía, condescendiente. Recuerden que para ella yo era un bebé; a esa edad dos años son veinte, y más entre una chica y un varón.

–¿Qué mirás?

–¿Yo? Nada, nada.

–Picarón... –dijo ella, y me pellizcó el cachete–. Vas a ser buen mozo, Pedro.

–Tu hermana me dijo lo mismo. Para lo que me importa...

–Ya te va a importar... Y yo, ¿qué te parezco?

–Fea no sos...

Fue lo mejor que se me ocurrió en ese momento, y debe haber sido la respuesta adecuada porque me miró con cara de asco y cambió de tema.

–¿Volvemos al agua?

–¡Dale!

El sol ya estaba bajo cuando trepamos la barranca de vuelta, Florencia y Rafael siempre un paso adelante.

Camino a la casa, pasamos junto a un palomar, vecino al gallinero del fondo.

Sentí un zumbido junto a la oreja y vi pasar una lechiguana, la panza negri-amarilla, las alas transparentes rojas de sol.

La seguí con la vista y ubiqué el panal, pegado a una de las ventanas del palomar.

–¡Chicos, hay un avispero allí!

Los cuatro vinieron a ver.

–Hay que sacarlo de ahí –decidió Florencia–. Las avispas pueden picar a los pichones.

–Está muy alto para ahumarlo –observó Rafael.

–Cierto. Busquen piedras, chicos –dispuso ella.

Por un momento no reaccioné. ¿Esos locos querían bajar a pedradas un nido de avispas?

Pero como los demás ya recogían dos o tres cascotes por cabeza, me uní a ellos.

El momento era ideal: aún quedaba una hora de luz plena y las palomas todavía no volvían.

Rafael rompió el fuego. Con bastante puntería, teniendo en cuenta el ángulo difícil y la distancia estratégica (el ancho de una calle, más o menos; Florencia y Rafael serían locos pero no idiotas).

Hubo un zumbido airado, y un par de avispas salieron del nido y revolotearon en torno.

Josefina, con más sentido común que todos nosotros juntos, corrió a esconderse detrás de un árbol.

Pero a los demás la presencia del enemigo sólo sirvió para caldearnos la sangre, templarnos el espíritu y confirmarnos en nuestro propósito.

La primera andanada fue un desastre. Pero a la segunda los cuatro empezamos a ajustar la mira. Los tiros de Florencia y Rafael se estrellaron en los ladrillos de la derecha, ahí nomás, levantando un poco de cal; mientras que Domingo y yo, uno arriba, el otro abajo, hicimos temblar la estructura del panal.

Algunas avispas más salieron de patrulla. Los atacantes nos retiramos unos pasos. Apresuradamente, desde ya.

Cuando las iracundas defensoras se calmaron un poco, renovamos el asalto. Y esta vez, su servidor logró un blanco perfecto. ¡Justo en el centro del avispero!

El tosco panal de barro se partió en dos. Cada mitad se balanceó en el aire por un instante y cayó al suelo.

Mis compañeros festejaron con un "¡viva!", pero no tuve tiempo para saborear mi gloria: la nube de avispas furiosas ya perseguía una venganza cruel.

Fue una retirada –mejor dicho, un desbande– muy poco honorable pero muy razonable y a todas luces aconsejable, según las circunstancias.

Siguiendo el ejemplo de Josefina, que ya había disparado hacia el río en cuanto mi cascotazo hizo impacto, volé con mis camaradas de armas barranca abajo. Medio corriendo, medio rodando, los cuatro nos arrojamos al río.

Justo a tiempo. Pero había que salir a respirar, y algunos de esos bichos rencorosos tenían tanta paciencia como encono.

La lista de bajas incluyó mi oreja, un hombro de Domingo y la mejilla de Florencia. Rafael y Josefina (en su caso, con justicia divina) salieron ilesos.

Nos volvimos a sumergir, y esta vez volvimos a la superficie unas cuantas brazadas río adentro, a una seña de Rafael.

Para entonces, las avispas ya se habían ido. Pero no su recuerdo: la oreja me ardía como el diablo, y mis amigos no se veían mejor. Por lo menos las avispas no dejan el aguijón en la picadura.

–Vayamos a la orilla, yo los curo –dijo Rafael.

Lo obedecimos, claro. Ya en el borde del río, el criollito rubio nos colocó a cada uno un emplasto de barro sobre la inflamación. Domingo y yo no estábamos muy convencidos de la bondad del tratamiento, pero Florencia, ducha en esas lides, nos aseguró que Rafael sabía lo que hacía.

Y tenía razón: el ardor se calmó en pocos minutos, y la hinchazón bajó con él. Había sido medio brujo el rubio...

A la hora del crepúsculo, bajo un cielo azul profundo y oscuro, Rafael me guió hasta la casa de su padre. Todavía había gente en los zaguanes y las veredas, disfrutando el fresco después de aquel día tórrido. Todos nos saludaban a la pasada.

El camino no fue muy largo. En esa época Santa Fe no contaba cinco mil habitantes y no había mucho pueblo para recorrer. Pasamos frente a la plaza por la vereda del colegio de los jesuitas y la iglesia de la Merced. Al doblar la esquina, vimos una cantidad de gente que cruzaba la calle en dirección de un terreno en el que se oían gritos y mucho jolgorio.

Rafael me explicó que se trataba de un reñidero. Me preguntó, con algún recelo, si quería entrar. Le contesté que no tenía interés: la riña de gallos siempre me pareció cruel y sin sentido. Nunca me gustó ver a esos pobres bichos matándose a picotazos. Rafael, algo aliviado, me comentó que pensaba igual, y eso que era muy gaucho. Tampoco disfrutaba viendo sufrir a los animales.

En unos pasos más llegamos a lo de Candioti: la casa era parecida a la de los Aldao, pero algo más grande y con bastante más fondo. En realidad, era una verdadera quinta, con caballeriza y todo.

Precisamente en ese momento llegaban a caballo Rodrigo, Roberts y Luis Aldao, que volvían de un paseo por la costa del río. Mientras los esclavos se encargaban de sus monturas, Rafael y yo entramos por la puerta del frente. Doña Juana, la señora de Candioti, nos recibió.

Me extrañó que Rafael la tratara de "señora"; ella lo saludó con mucho afecto, pero no con el trato habitual entre madre e hijo. Entonces pensé que sería una costumbre local, como bañarse en el río al anochecer o fumar en la calle.

Lo primero que me llamó la atención al entrar fue el apero de plata de don Francisco, sobre un caballete en la recepción. El interior de la casa era más austero que el de los Aldao, con pocos muebles y sin alfombras, pero en cambio la vajilla era de plata peruana, incluyendo las jarras.

Fue una velada muy divertida, ya que después hubo baile y guitarreada, y en el patio don Francisco, siempre cigarro en mano, relató unos cuentos formidables de sus antiguos viajes al Perú, donde no faltaron encuentros con bandoleros e indios alzados ni anécdotas de los arrieros. Omito detallarlas porque, como verán más adelante, fui testigo de unos cuantos casos en nuestro viaje, y prefiero remitirme a mi propia experiencia.

Don Francisco también habló de lagunas que bramaban y sierras que tronaban para asustar al cristiano, pero eso no me pareció muy creíble. Traté de recordarlo para asustar un poco a Domingo en cuanto nos pusiéramos en marcha.

Durante el baile Ana y Rodrigo parecieron bastante reconciliados, porque pasaron de un minué a otro sacudiendo pañuelos con galanura y echándose miradas como para incendiarse.

Mejor así. Florencia los miraba con cara de ternera bizca, y yo me hice un poco el chancho rengo, no fuera cosa de que se le ocurriera bailar conmigo. Pero podía quedarme tranquilo: había otros candidatos más adolescentes y no tuve que jugarla de galancete.

Cansado por todo el trajín de un día muy caluroso, terminé cabeceando y reprimiendo bostezos. Mi mente ya no estaba allí, sino en el mundo que me esperaba al día siguiente. Ya había quedado con Rafael en acompañarlo a Arroyo Hondo después de la misa de diez, para colaborar con el rodeo.

Debo haberme quedado dormido, porque lo único que recuerdo del resto de la noche es a Rodrigo cargándome como a un chiquito, mi imagen vaga en el espejo del cuarto, desvistiéndome como un autómata, y a Ana María arropándome, apagando el candil y saliendo del cuarto, canturreando bajito los versos de una copla.

Capítulo XI

El domingo en Arroyo Hondo se respetaba el precepto bíblico y no se realizaban más tareas que las necesarias, así que Rafael y yo tuvimos todo el día para cabalgar en libertad por el campo.

Él aprovechó para iniciarme en algunas costumbres gauchas: la primera, cazar perdices a caballo.

El método era novedoso para mí: una vez que uno ubicaba la perdiz, algo bastante fácil desde la montura, simplemente había que rodearla. La perdiz quedaba como hipnotizada, como un pajarito ante una víbora o una polilla encandilada por la llama de una vela, y permanecía en el lugar, sin atinar a volar o correr. Entonces Rafael le cruzaba un rebencazo y listo el pollo (o más bien, lista la perdiz).

Así cazó un par, y yo probé suerte con otra, que cayó igual que las anteriores. Al segundo golpe, debo confesar; el primero lo erré.

Luego juntamos leña de algarrobo. Después de pelar todas las perdices (las peló Rafael), las clavamos en un palito sostenido por dos horquetas. Él llevaba yesca y pedernal, y en poco tiempo tuvimos un fueguito suficiente para asarlas, una y media para cada uno. Nos quemamos los dedos. Y nos los chupamos: juro que jamás disfruté tanto un almuerzo. Ya me sentía capaz de vivir de la caza como el mejor guerrero mocoví.

Por la tarde recorrimos el campo al galope sin rumbo fijo, sólo por el placer de cabalgar. Vimos una tropilla de baguales, crines al viento, y nos sentimos tan libres como ellos. El padrillo nos miró con inquina al principio, y relinchó amenazador; pero como viera que no teníamos intenciones de arrearlos ni enlazarlos, dejó que los acompañáramos un tiempo por terreno llano, lomas y hondonadas, asustando a las martinetas que salían volando prácticamente de entre las patas de los caballos y a los cuises que se asomaban de sus cuevitas para ver por qué temblaba la tierra.

La tarde se nos pasó sin que nos diéramos cuenta. Poco antes de la caída del sol Rafael dijo que quería mostrarme algo.

–¿Qué?

–Es algo que muy pocos han visto. Y tenés que prometerme que vas a hacer lo que yo te diga mientras dure.

No lo pensé dos veces: prometía ser misterioso y mágico.

Rafael me condujo hasta un cardal. Nos echamos cuerpo a tierra al abrigo de los tallos secos.

El cardal daba a un terreno plano de césped cortito, en el que se veían varios hoyos y montículos de tierra. Se trataba, claro, de una vizcachera. Había visto muchas en Arroyo del Medio. Pero nunca lo que siguió.

Primero fue un vizcachón grandote. Se asomó de su madriguera, miró alrededor, salió a la superficie y se sentó junto a su cueva sobre las patas traseras, muy orondo él. Enseguida salieron de todas las cuevas vizcachas de varios tamaños. Un casal de lechuzas llegó volando y se acomodó sobre un montículo. Daban la impresión de prepararse para una función teatral.

De pronto el vizcachón emitió un grito agudo, penetrante. Las otras vizcachas parecieron contestarle con chillidos y gruñidos. Así pasaron un buen rato, conversando o tal vez cantando en coro, como si saludaran la puesta del sol y las primeras sombras.

Las lechucitas, muy entretenidas con el concierto de sus vecinas, parecían seguirlo con movimientos de cabeza, al compás.

Por fin las vizcachas se callaron y se aventuraron a mordisquear pasto tierno a unos pasos de las cuevas.

Rafael entonces se puso de pie lentamente y me indicó por señas que lo imitara.

Las vizcachas no se dieron por enteradas. De repente, él pegó un alarido. A la vez, todas las vizcachas gritaron de golpe. Luego miraron en nuestra dirección. Permanecieron quietas un instante y enseguida volvieron a sus cosas, sin llevarnos el apunte.

–Ahora gritá vos –Rafael me invitó.

Lo hice. De nuevo las vizcachas respondieron alarmadas, pero menos que la primera vez. Y de nuevo se calmaron después de mirarnos.

–Ya está –dijo el rubio–. Ahora ya no nos tienen miedo.

Y allí nos quedamos un rato, después de nuestro extraño diálogo con las vizcachas, observando sus idas y venidas. Detrás del Paraná, el sol se había puesto en un cielo rojo que se volvió púrpura y por fin profundamente azul para recibir a las primeras estrellas.

Tuve la sensación de que la naturaleza me estaba aceptando como uno de los suyos.

Rafael ya lo era.

El día siguiente fue de intenso ajetreo. Los gauchos ya terminaban de reunir el ganado, manso o cimarrón, y ahora había que marcar terneros, potrillos y mulas jóvenes. Para eso los hacían entrar a un gran corral, donde los más baqueanos los iban enlazando.

Rafael intervino: sabía echar un pial como el mejor. Me ofreció participar; pero aunque sabía manejar el lazo, esa vez preferí dejar la tarea a los especialistas. Es que no quería hacer papelones el primer día. Así que seguí de espectador, festejando aciertos con los demás, sobre todo los de mi amigo.

Una vez que los animales caían levantando polvo, la pata trasera enganchada por el lazo, otros peones llegaban a la carrera con los hierros y les grababan en el anca la marca de don Francisco: una "F" y una "C". Los pobres bichos berreaban de dolor. Enseguida los soltaban y salían corriendo, los más chicos a buscar a sus madres y los más crecidos a juntarse con su tropilla o rebaño.

Por todos lados había movimiento, órdenes, gritos de triunfo o exclamaciones de contrariedad, incluso muchas que no figuran en los diccionarios. No tendrían lustre ni esplendor, pero eran bastante gráficas, del tipo que habría dado pie a tía Eugenia para lavarme la boca con jabón.

La gente de Candioti era eficiente, y no hubo que lamentar grandes errores ni, gracias a Dios, heridas serias. Ni en hombres ni en bestias.

Así se fue pasando el día. Habían venido unos cuantos visitantes del pueblo, un poco a ver el espectáculo y otro poco a prenderse en el asado que seguía.

Nuestro grupo ya estaba completo: Rodrigo y Roberts presenciaron todo junto a don Francisco, quien de paso los llevó a que vieran los cueros que ya había almacenado para ellos. Volvieron muy satisfechos.

Gregorio participó en la yerra con su pericia habitual; más que nada supervisó la cosa con el capataz y los hijos de don Francisco, pero le tocó el papel principal en un incidente.

Un novillo chúcaro trató de escaparse del corral. Logró saltar la cerca, provocando flor de desbande. Gregorio, a la sazón montado y cercano al lugar, lo cargó con su zaino grandote. El pingo volteó al novillo de un pechazo, y lo tuvieron a raya hasta que los peones lo enlazaron y lo redujeron. Así, Gregorio y el zaino se granjearon el aplauso de todos por igual, trabajadores y mirones.

Domingo, que había venido con Rodrigo, no perdió detalle. Estaba tan entusiasmado con la actividad que terminó por preguntarme si podía enseñarle a montar a lo gaucho. Había decidido que quería ser peón de estancia cuando creciera. Le contesté que por mí no había problema, pero que mejor esperara a ver si el arreo le resultaba antes de confirmar su nueva vocación.

Al otro día terminaron de llegar los últimos peones desde las otras dos estancias de don Francisco, para sumarse al arreo y traer los últimos animales.

Ya todo estaba pronto.

Esa noche don Francisco reunió a toda la gente bajo las estrellas, alrededor de un gran fogón entre la casa grande y los ranchos de la peonada. Tras el asado y el mate, se puso de pie y todo murmullo se apagó.

–Muchachos –dijo–, mañana volveremos a arrear estas mulas del diablo hasta Salta. Casi todos ustedes han hecho el viaje varias veces, y saben que el camino es duro pero siempre se llega. Todos conocen que mi paga es justa y que mis reglamentos los deben respetar todos y cada uno, empezando por el patrón y los capataces. No tolero borrachos, insolentes, jugadores ni ladrones, y hay una falta que considero imperdonable: dormirse en la guardia. El hombre que lo hace deja en la estacada a todos sus compañeros, y no merece consideración.

–Él nunca duerme... –me susurró Rafael al oído. Lo miré, y su expresión seria me dijo que lo creía realmente. Era obvio que Rafael idolatraba a su padre.

–Mañana, pues, saldremos con las primeras claras –siguió don Francisco–. El señor Aguilera se encargará de la retaguardia, el flanco derecho estará a cargo del señor De la Cruz y el izquierdo del señor Vargas. Yo iré al frente. Seguiremos viajando de día hasta Los Sunchales, y de ahí en adelante descansaremos del sol y andaremos de noche. Bueno, nos espera el cruce del Paraná. Será un día bravo, así que les aconsejo que descansen bien. ¡Buenas noches a todos!

Un coro le contestó, y los hombres se dispersaron para recuperar sueño antes del "día bravo".

Yo compartí la habitación de Rafael, que se quedó dormido no bien se tendió en el catre. A mí me costó mucho. De afuera me llegaban mugidos, rebuznos y algún resoplido sobre el fondo de grillos. Se unían a la sensación de saberme parte de una empresa que ya era un mito en Santa Fe para alborotarme la cabeza y meterme mariposas en el estómago. Hasta que al fin la misma emoción me cerró los ojos y me llevó a soñar con caballos, vientos, pampa, cerros y ríos.

Capítulo XII

Me despertó la presión suave pero firme de las manos de Rafael en mis hombros.

–¡Arriba, Pedro, que se va el día!

Despegué los párpados como pude, y por la ventana vi el cielo aún estrellado. Sentí todo el cuerpo tenso, como si me hubiera acostado sólo cinco minutos atrás.

Hice ademán de recostarme de nuevo, y Rafael me destapó.

–Si no te apurás, se van a ir sin vos –me dijo, sonriente, y me alargó un mate recién cebado.

–Pa que te despertés.

Todavía medio inconsciente, le pegué un chupón a la bombilla y entonces sí abrí los ojos.

Rafael ya estaba listo: camisa, faja, chiripá, pañuelo al cuello y cuchillito a la cintura.

Y, a la fuerza ahorcan. Terminé el mate en tres sorbos, me equipé como él y salí detrás de mi amigo a ensillar mi alazán.

Me esperaba, gauchito y voluntario. Se lo veía tan ansioso por salir que me hizo recuperar todo el ánimo del día anterior. Aseguré mis botas al recado con un tiento. Decidí no usarlas mientras no pisara terreno duro.

Vi a Domingo, que salía bostezando de un rancho. Corrí a su encuentro.

–¡Salú, Domingo! –me divertía verlo más dormido que yo.

–Buen día, che –me contestó–. Esta gente se levanta como las gallinas...

–Y, son de campo. ¿Dónde vas a estar?

–En una carreta con provisiones. La de las sandías –añadió, con un brillo pícaro en los ojos vivos.

–Guardame algo –respondí, risueño también.

–Acercate cuando quieras. El carretero es un negrón mandinga, grandote y fiero. ¿Vos dónde vas a andar?

–A la derecha, con Gregorio y Rafael.

–¡Domingo! –el vozarrón provino de un hombre que correspondía exactamente a la descripción de mi amigo.

Nos palmeamos el hombro mutuamente; él corrió a la carreta, yo al alazán.

En los ranchos, varios gauchos se despedían con emoción de chinas y gurisitos. En la casa grande, don Francisco abrazaba a sus dos hijos mayores, que se encargarían del campo en su ausencia.

Cuando volví al palenque, vi una mujer muy bonita, de poco más de treinta años, estrechando llorosa a Rafael. Le apartó el mechón rubio de la frente, le dio un último beso y le recomendó:

–Ya sabe, m'hijo. Portesé bien, sea rispetuoso y cuidesé mucho, que aquí lo espero.

–No se preocupe, mama –contestó él con ternura–. La viá estrañar.

Ella volvió a abrazarlo, como si quisiera retenerlo, y lo dejó ir.

Rafael montó de un salto en su tordillo y se me puso a la par. Yo, ya en el alazán, traté de hacerme el disimulado. Pero nunca fui buen jugador de truco.

–Mi mama... Es la hija del puestero del Medio... En el pueblo hay gente que me dice... el guacho bayo.

Desvió la vista al final.

–Yo no veo ningún guacho... –dije al punto– Un gaucho sí.

Volvió a mirarme. Sonrió.

–Vos tenés tata y mama –agregué–. Si hay idiotas que no se dan cuenta, es problema de ellos.

Rafael no dijo nada al principio. Se aclaró la garganta y me miró a los ojos.

–Siempre supe qu'eras de los güenos. Como tu tío.

Nunca me sentí más orgulloso.

Rafael taloneó el pingo. Lo seguí hasta el potrero donde esperaba el arreo.

Cuando llegamos, la aurora empezaba a iluminar el campo y lo que había sido una interminable mancha oscura se transformó en el conjunto impresionante de seis mil mulas, trescientos caballos de refresco y un centenar de novillos y vaquillonas con el triste destino de proveernos de carne fresca en la ruta.

En la retaguardia y en los flancos se alineaba una veintena de carretas tiradas por bueyes, cargadas con productos para comerciar en Salta y provisiones para el camino: charqui, galleta, yerba, azúcar, sal, toneles de agua y sandías.

Unos cuarenta gauchos se fueron acomodando alrededor del ganado. Yo me ubiqué junto a Rafael, un trecho más atrás de la espalda ancha de Gregorio. Del otro lado, Rodrigo me hizo una seña de aliento con la mano. Le contesté. Roberts estaba cerca de él, tan emocionado y expectante como yo.

Al frente, don Francisco adelantó su pingo, un bayo lindísimo de gran alzada. Aguilera, jinete de un overo lobuno, avanzó junto a él.

–Y bueno, Aguilera, llevemelós a Salta –se oyó la voz potente de don Francisco.

El capataz alzó el brazo, dio un alarido estentóreo, como el de un indio pampa, y a su orden todos los gauchos revolearon sombreros, ponchos, pañuelos y rebenques a los gritos de "¡Mula!", "¡Vaca!", "¡Arre!"

Me uní al griterío con entusiasmo, tratando de hacer lo mismo que Rafael: talonear el pingo y recorrer el flanco de la inmensa tropa.

Y las mulas punteras arrancaron, y detrás de ellas todo el rebaño se puso en marcha, en un pandemonio de voces humanas, mugidos, rebuznos, relinchos, ladridos y resoplidos, en tanto más de veinticinco mil patas levantaban la polvareda que nos acompañaría durante más de doscientas leguas.

Atrás quedaban ranchos y familias. No sé por qué, pensé en Florencia; luego en Ana, y supe que mi mente se unía a la de Rodrigo. Pero Gregorio me sacó de mi ensoñación: había otras cosas en qué ocuparse. Una mula a mi izquierda quería cambiar de dirección.

Rafael, sabiendo que me faltaba experiencia, vino en mi ayuda. Pero yo había tomado parte en algún arreo en Arroyo del Medio, y tenía idea de qué hacer. (Y el alazán más que yo.) Le cerramos el paso a la mula, y cuando quiso disparar el pingo la flanqueó y la desplazó hacia la tropa.

–Bien hecho... –me dijo Rafael a la pasada.

Adiviné que habría intervenido si se me complicaba la cosa, pero cuando vio que nos las arreglábamos tuvo el pudor de no meterse. Así era Rafael: gaucho.

Don Francisco y Aguilera fueron llevando el arreo en dirección suroeste, y cuando quise acordarme ya estábamos en la Bajada. Adelante, la barranca, y más allá, tranquilo en la bajante de verano pero más imponente que nunca para mi corazón encogido, el Padre de las Aguas de los guaraníes.

El Paraná.

Me entró pánico. ¿Cómo íbamos a atravesar tamaño río con todos esos animales?

Un vistazo a Rafael me devolvió el alma al cuerpo. Parecía saborear por anticipado el placer de la acción.

Y acción no nos faltó. Los arrieros fueron distribuyendo a los animales de modo que encararan la bajada de pendiente suave, que según comprobé enseguida daba a uno de los vados más conocidos.

Don Francisco, Aguilera y otros dos gauchos entraron al río, probaron la fuerza de la corriente y, una vez seguros, dieron la orden.

Los gauchos, Gregorio al frente, empezaron a azuzar a las mulas que se habían congregado al borde de la barranca, y que no querían saber nada con el Agua Grande que se movía frente a ellas. Algunos rebencazos y picaneos después, las primeras aceptaron lo inevitable y trotaron barranca abajo.

Entonces todo el arreo empezó a internarse en la corriente lodosa que intentaba manearlos. Pero las mulas saben mantenerse firmes en cualquier terreno, y comenzaron a avanzar, ya resueltas a ganar la orilla opuesta a toda costa.

Cuando llegué a la vera de la barranca tuve que detenerme unos momentos para llenarme los ojos del espectáculo de todos esos animales atravesando la corriente, rodeados por los gauchos que iban y venían incitándolos con voces y acciones a no detenerse, a seguir chapoteando, pataleando, sin parar, adelante, siempre adelante.

Rafael había pasado por lo mismo dos años antes; se dio cuenta, y no me urgió. Pero Gregorio me volvió a la realidad:

—¿Qué esperás, gurí? ¡A mojarse, sin miedo!

Y sin miedo taloneé al alazán, acompañando a novillos, caballos y mulas con los demás. Gritando y golpeando entramos al río; el agua llegaba casi hasta la panza de mi pingo, y me salpicó las piernas. La masa de cuerpos en movimiento formaba una estela que dificultaba el avance. Por un momento tuve la sensación de que me iba a caer al agua, pero el alazán no era de volearse y se mantuvo firme; recorrí la fila en uno y otro sentido, azuzando a los que amagaban detenerse.

Así seguí con todos durante horas, horas de gritos, agua, barro y cuero mojado. En una de ésas la corriente empezaba a llevarse alguna ternera, pero siempre había un gaucho atento para armar el lazo, atraparla por los cuernos y arrastrarla hasta la ribera del lado de Santa Fe.

Y otra historia fue cuando cruzaron las carretas, algo apartadas del arreo. Los bueyes se metían en el agua sin hacerle asco. Se ve que no era la primera vez, y entre órdenes y algún estímulo de la picana o las riendas avanzaban pesadamente, sin prisa pero sin pausa, arrastrando las carretas a pesar del barro que trababa las ruedas y el agua que amenazaba doblegar sus poderosas patas.

Siempre existía el riesgo de dar con algún pozo y volcar. Cuando la primera carreta llegó a la otra orilla todo el mundo se aflojó un poco. Las demás siguieron la huella.

Ubiqué la de Domingo y fui a ver cómo andaba. El muy ladino disfrutaba cada momento, bien agarrado del pescante y levantando los pies a cada amenaza de mojadura, eso sí. El "negrón" era un buen conductor y no iba a perder a su pasajero así nomás: no había por qué preocuparse.

Por fin, después de horas de renegar, golpear, vociferar y salpicarse agua y barro, el arreo completo pisó tierra firme del lado de Santa Fe.

Los gauchos reunieron todas las mulas en un potrero extenso, dentro de un bajo natural y cercado que los eximiría de hacer guardia esa primera noche.

Al atardecer prácticamente me dejé caer del caballo. Hasta ese momento el fragor de la acción y el

entusiasmo por participar me habían hecho olvidar el esfuerzo, pero en cuanto mis pies tocaron el suelo se me vino encima todo de golpe. Habría podido contar mis músculos uno por uno. Así me dolían.

Sentí la tentación de tirar el recado ahí mismo y echarme a dormir, pero no iba a ser el único flojo. Así que largué el alazán, previo terrón de azúcar (se lo debía; había cumplido como bueno) y me cargué el apero al hombro. De un envión, como había visto a los gauchos.

Por poco no mordí el polvo con recado y todo.

En fin, tratando de disimular la fatiga me orienté hacia los fogones donde ya se calentaba el agua para el mate y se preparaba la carne para la cena.

Busqué a Rafael y Domingo con la vista: estaban juntos, sentados en el suelo al lado de una de las hogueras. Ahí fui.

Al primer paso las piernas se me arquearon. Creí que me descoyuntaba. Con un supremo esfuerzo de voluntad, me obligué a llegar hasta los chicos y me instalé entre los dos.

—¿Qué tal ese arriero? —exclamó Rafael, mucho más entero que yo a pesar de haber trajinado el doble.

—Un poco cansado...

—Un poco del todo... —observó Domingo.

—Me gustaría verte a caballo el día entero... —retruqué.

—Ah, no, eso se lo dejo a mi "amito" —dijo; y agregó con toda intención—: al que le gusta jinetiar, y conocer lugares interesantes.

—Es el primer día —sonrió Rafael, y me terminó de convencer de que daba lástima—. Ya te vas a acostumbrar.

Una sombra nos cubrió a los tres. Un objeto verde, ovalado y lustroso cayó en las manos de Domingo. Su cara se iluminó.

—¡Gracias, Segismundo!

El negrón, por toda respuesta, esbozó una sonrisa y se fue a buscar un poco de asado. Rafael, sin perder tiempo, cortó tres gajos de la sandía. Les hincamos el diente.

–Es bueno el negrón, ¿vieron? –afirmó Domingo, escupiendo semillas; tragó y nos contó–: Lo trajeron del África cuando era joven. Se llama Kuame, pero su primer dueño le puso ese nombre porque le hacía acordar a un príncipe grandote o algo así.

–Es un personaje de obra de teatro –informé, bostezando– *La vida es sueño*.

Los dos me miraron como impresionados por mi erudición. Rafael no pudo guardársela.

–¿Así se llama la obra?

–Sí, claro, ¿por...?

–Pensé que hablabas de vos.

Domingo se rió con la boca llena y casi se atragantó. Alguien se agachó a mi lado.

–El primer día es bravo, sobrino. Pero así se me va a hacer bien hombre.

La predicción de Rodrigo me reconfortó. Aunque me quedé meditando si no habría otra forma de alcanzar el mismo objetivo y que doliera menos.

Además, había una contradicción. Si venían más días así, quién sabe si llegaría a cumplir los trece...

Capítulo XIII

Al día siguiente el arreo se puso en marcha un poco más tarde, para dar oportunidad de descansar un poco más a hombres y animales. Para mi asombro, después de dormir nueve o diez horas sobre el recado, el cansancio del día anterior prácticamente desapareció. Yo creí que no me iba a recuperar en una semana, por lo menos, y sin embargo ya el segundo día pude aguantar a caballo de sol a sol.

Pasamos varios días sin mayores incidentes, recorriendo un campo todavía verde y surcado de arroyos donde el ganado podía abrevar.

Para arrear las mulas los gauchos las disponían en una suerte de semicírculo extenso e irregular, del que a cada tanto se separaba algún contingente. Enseguida dos o tres peones se encargaban de enderezarlo en dirección de las otras mulas. Al cabo de un rato había una cantidad de pequeñas tropas separadas unas de otras por unas cuantas varas, pero al menos todas hacia el Noroeste, como debía ser. Al caer la tarde las volvían a reunir y a la noche las dejaban en un bajo o cañada, si había, y si no las rodeaban con un corral de cuerda, hecho con sogas de cuero anudadas entre sí y aseguradas al suelo con estacas.

Por la noche se hacía lo que llamaban una "ronda cruzada": dos grupos de doce hombres por vez se turnaban para vigilar a las mulas. Rafael me explicó que "de nada se espantan"; toda precaución era poca.

Don Francisco era siempre el último en irse a dormir y el primero de pie. No sólo Rafael, sino toda su gente aseguraba que nunca dormía, y yo no sé si sería verdad, pero puedo asegurar que no lo vi dormido. Un par de veces le llevé recados a la carreta en la que solía descansar y siempre lo encontré despierto. Y la primera noche que me tocó la guardia... A propósito, Rafael compartía mi turno, así que la pasábamos bastante bien, charlando y cantando bajito; los arrieros siempre cantan para mantener tranquilos a los animales, parece que les gusta.

La primera noche, decía, don Francisco nos visitó dos veces: una poco después del cambio de guardia, que habrá sido a la medianoche, y la otra a eso de las tres de la madrugada. Parecía fresco y descansado como si fuera media mañana y llevara un buen desayuno en el buche.

Se quedó con nosotros un ratito y nos hizo reír bastante con un par de cuentos de santiagueños demasiado tranquilos y tucumanos demasiado avivados.

Así, sin hacer sentir el peso de su autoridad, don Francisco la mantenía: todos sabían que acostumbraba esas giras de inspección y no se hubieran atrevido a dormir. Y al mismo tiempo agradecían la compañía y la charla.

El cuarto día, de acuerdo a lo previsto, llegamos a la posta de los Sunchales, cercana al fuerte del mismo nombre. Entramos un par de horas antes del atardecer. Era la última posta en un trecho muy largo. De ahí en más los únicos lugares habitados que encontraríamos hasta el territorio santiagueño eran una serie de fuertes mal pertrechados, puestos para detener las incursiones de abipones y mocovíes. En realidad, más que detenerlas las

94

estorbaban, ya que cuando los indios precisaban caballos entraban por donde se les ocurría y los tomaban de las estancias.

Volviendo a la posta, era tan pobre como cualquiera de las que visitamos entre Buenos Aires y Santa Fe, pero al menos estaba mejor cuidada: había un maizal y un terreno sembrado de alfalfa en el que pacían tranquilamente unas cuantas vacas de cuernos largos y mirada mansa. Había también una majadita de ovejas, chanchos, gallinas y los infaltables perros flacos.

Don Francisco ordenó mantener el arreo apartado de los sembrados, y así se hizo. Eso nos mantuvo ocupados hasta la puesta del sol, ya que algunas mulas y caballos querían bandearse hacia los cultivos y hubo que convencerlos por las malas.

Por fin el rodeo terminó con nuestros animales dentro del cerco de cuerdas en un sector de pasto verde y jugoso, que prevendría otras tentaciones.

Entonces se dispusieron las guardias, y don Francisco fue a las casas en compañía de Aguilera, Rodrigo, Roberts, Gregorio y un servidor. Rafael se quedó un rato "para cepillar al tordillo".

El puestero, su mujer y sus hijos salieron a recibirnos con el consabido "Ave María purísima". Conocían bien a don Francisco, que acostumbraba dejarles algún regalo como bolsas de semillas o unas vaquillonas, para compensarles el pasto que se comían sus animales y algún daño ocasional.

Lo recibieron como si fuera el virrey. Esa pobre gente no tenía casi nada, pero estaba dispuesta a compartir ese casi con cualquier viajero, y especialmente con el que más respetaban.

Así que nos acomodaron unos banquitos y unos cráneos de vaca y enseguida nos convidaron con mate, empanadas y chivito. La polvareda que anunciaba nuestra llegada de lejos y el encierro de las mulas les habían dado tiempo para preparar todo.

El hombre se llamaba Guzmán. Era flaco y tirando a bajo, con ojos saltones, orejas grandes y dientes salidos. Recordaba a una comadreja overa. La mujer, que como él andaría por los cuarenta, era prematuramente canosa y no malgastaba palabras. Tenía unos ojos grises que parecían haber visto más penas que alegrías.

Al principio seguí la conversación de los mayores, que pasaron por las últimas noticias de Santa Fe y gente desconocida para mí, y la falta de novedades en la posta. No había señales de indios. El cacique Alaiquín seguía en paz con sus vecinos.

—Pero nadie sabe cuánto puede durar... –agregó Guzmán– Como venga otra seca los indios van a pasar hambre, y ya hace dos semanas que no cae una gota...

—Sin embargo, el maíz está crecido –observó Aguilera.

—Está lindo, ¿vio? –dijo la mujer, satisfecha de la ponderación–. L'hemos puesto abono, como aconsejó don Francisco. Esta güelta no nos van a faltar choclos pa el puchero.

Siguieron hablando de las ventajas de sembrar tal o cual cosa en tal o cual época del año. Me empecé a aburrir y desvié mi atención a los chicos, que hasta ahora se habían mantenido en segundo plano.

El varón era un gurisito delgado de unos nueve años, todo ojos y dientes como el padre; la chica andaría por los once y había heredado los ojos grises tristones de la madre y el pelo castaño pajizo arreglado en trencitas. Cuando la miré desvió la vista enseguida, pero llegué a darme cuenta de que me había estado mirando con intensidad.

—¿Así que tienen choclos? –le dije por entrar en conversación.

—Ajá –respondió ella, apartando los ojos cada tres palabras–. Don Francisco nos dio el grano el otro año, y ahora tenimos un maizal...

96

Quedó como agotada por el exceso de locuacidad. Tomó aire y agregó:

–¿Querís agua?... Te traigo.

–Bueno.

Volvió con un tazón de lata lleno de un líquido de dudosa pureza, o más bien de indudable mugre. No podía despreciarla. Tomé un sorbo y dije:

–Tá rica.

–Si querís te traigo más.

–No, gracias, no te molestés. ¿Cómo te llamás?

–Griselda. Él es el Vicente –por el hermano– ¿Y vos?

No bien le contesté, Rafael se acercó con un par de gauchos que cargaban unos cuantos paquetes "para la patrona".

Mientras los grandes pasaban a la sesión de cumplidos y agradecimientos, noté que la llegada de Rafael había iluminado el rostro de Griselda. Él le sonrió con esa expresión franca que ya le conocía. El gurisito corrió a su encuentro.

Rafael les dio unos caramelos que recibieron extasiados, y les preguntó por un petiso. Griselda señaló el alfalfar. Allí pastaba, un tobiano con pinta de arisco y bellaco pero muy simpático, con crines y cola negras y largas.

Rafael me empezó a contar que había nacido un año atrás, cuando pasó el arreo. Griselda y Vicente se animaron y completaron la historia, cómo lo habían cuidado desde entonces y sus planes de hacerlo un caballo de paseo.

Mi amigo les comentó que yo venía de Buenos Aires. Eso los dejó muy impresionados y me colocó en su estima sólo un escalón abajo de Rafael, a quien obviamente veneraban, sobre todo Griselda. Él la trataba a su vez con deferencia y cierta ternura, pero sin advertir, o sin dar importancia a la adoración que ella le profesaba.

Esa noche, antes de dormirnos en el patio de la posta, le pedí a Rafael que me contara algo acerca de ellos.

Me dijo que eran buenos chicos, y que otros años los había llevado a peludear en el viaje de vuelta. Me gustó la idea y le propuse repetirlo. Entonces se me ocurrió preguntarle algo que me había extrañado:

–Es raro que los puesteros no tengan más hijos...

Por toda respuesta, Rafael se puso de pie.

–Vení –dijo.

Lo seguí unos pasos hasta el borde del cerco que rodeaba la posta.

–Ahora mirá pa el rancho. Pero no te quedés mirando mucho tiempo. A lo mejor todavía están despiertos...

Miré en la dirección que indicaba. Y las vi, iluminadas por la luna. Cuatro cruces de algarrobo sobre un terraplén apisonado. De cada una colgaban flores medio marchitas.

Rafael ni siquiera miró. Esperó a que me volviera hacia él, y antes de que le preguntara informó:

–La señora perdió tres en el parto. El otro se desnucó en una rodada, cuando tenía ocho años, creo... Griselda y Vicente son los más chicos.

Pensé en los ojos grises de la mujer. Y creo que entendí. O empecé a entender.

En silencio, volví con Rafael hasta nuestros recados.

Pasamos el nuevo día jugando con los chicos del puestero. Domingo también se prendió: era un campeón para la pallana. Y a falta de bolitas jugamos con unos pichicos hechos con huesitos de oveja.

Era de tarde. Jugábamos a vigilantes y ladrones, que por ahí se llamaba milicos y matreros. Yo perseguía a Griselda. No era fácil: corría bastante con sus patitas flacas y gambeteaba como un ñandú, riendo cuando conseguía eludir al perseguidor.

De pronto se frenó en seco.

—¡Te agarré!

Pero Griselda ya no jugaba. Se había quedado inmóvil, tiesa, la vista clavada en el Norte. A nuestra izquierda, uno de los gauchos que cuidaban las mulas también miraba con insistencia en la misma dirección. Rafael corrió hasta nosotros y también miró con aprensión hacia el punto que preocupaba a la muchachita.

Entonces yo también vi. Al principio creí que se trataba de una nube de tormenta, pero era demasiado oscura y de forma extraña, irregular, más como un cirro que como un cúmulo. ¿Sería de polvo? Pero no, mantenía una altura fija, a cierta distancia del suelo. La nube crecía a medida que se acercaba, como si devorara el sector de cielo que iba cubriendo.

Griselda lo dijo primero con voz ahogada. Enseguida Rafael lo gritó:

—¡Langostas!

En segundos todo fue actividad febril. Don Francisco, Aguilera y Gregorio iban y venían dando órdenes. Lo primero fue disponer las carretas en torno al arreo para prevenir el desbande de las mulas. Como pronto pude comprobar, no sólo existía el peligro de que las langostas las pusieran nerviosas y las espantaran; había un solo medio para intentar combatirlas, y era el peor para la tranquilidad de los animales.

Una vez que las carretas formaron un gran círculo tapando o dificultando las vías de escape en caso de estampida, un grupo de hombres se quedó a vigilar el ganado. Otros se apuraron hacia el sembrado llevando ollas, cacerolas, platos de lata y cualquier otra cosa susceptible de producir ruido, más palos y rebenques con qué golpearlas.

Los chicos nos unimos a ese grupo, salvo Rafael que corrió a ayudar a los arrieros. Griselda y Vicente trajeron matracas y un gastado bombo legüero.

La nube ya cubría el sol. Todo quedó en una extraña, ominosa semipenumbra. El zumbido constante de millares de alitas membranosas batiendo el aire creció en intensidad.

Encabezados por la mujer de Guzmán, todos empezamos a golpear cacerolas, batir cueros, hacer sonar matracas y gritar a voz en cuello, con la esperanza remota de ahuyentar a los insectos.

Que llegaron. Las primeras exploradoras cayeron como los alguaciles antes de un pampero, a poca altura, y pasaron de largo.

Durante unos momentos la gente cambió miradas ilusionadas.

Pero el grueso de la invasión venía detrás, implacable. Decenas, cientos, miles de langostas comenzaron a descender en el campo vecino, en el maizal, en el alfalfar.

Gritamos, aullamos, hicimos todo el ruido posible, matamos langostas a diestra y siniestra hasta que los brazos y las piernas nos dolieron. Los gauchos, y nosotros al verlos, echaban miradas de reojo al potrero donde el arreo, asustado, se movía. Oíamos claramente los rebuznos, mugidos y relinchos angustiados, y algunos golpes de cuerpos pesados contra las carretas.

Detrás de la nube venían cigüeñas, gaviotas, garzas, chajaes, teros y gavilanes, haciéndose un festín. Algunos en el aire, otros a picotazos en el suelo. Pero todas las aves de la pampa no alcanzaban para terminar con la plaga.

Guzmán, con gestos desesperados, nos indicó a todos que nos detuviéramos:

–¡Al rancho! ¡Al rancho!

Allí fuimos, protegiéndonos la cara con brazos, bolsas y cueros, mientras millares de mandíbulas diminutas seguían devorando, destruyendo, devastando.

Dentro de la casa, a través de las ventanas enrejadas, seguimos viéndolas pasar, siempre en esa semioscuridad que provocaban. Eran lo único que se veía afuera: una cortina incesante de langostas, destellos de sol reverberando en las alas translúcidas, como cuando los rayos se filtran a través de las nubes o en hojas de árboles. Abajo, el suelo parecía brotado de insectos.

Miré a los Guzmán, y me dieron ganas de llorar. El padre, la mirada perdida, el mentón caído, daba la impresión de ir a desmoronarse en cualquier momento. La mujer no le quitaba los ojos de encima, abrazando con fuerza a Vicente. Entre los ojos y la boca cerrada de Griselda resbalaban lágrimas.

Rodrigo me puso una mano en el hombro. Sin decir nada. Nadie tenía ánimo para hablar. Sólo oíamos el zumbido constante, y allá, en el potrero, gritos aislados de animales y hombres. Temí por Rafael.

Luego supe lo que había pasado con los gauchos. Algunos animales, asustados, embestían a otros y trataban de salvar el cerco de sogas y carretas. A rebencazos, los gauchos los volvían al redil.

Las langostas seguían pasando sobre ellos. El nerviosismo crecía. El cerco no podía resistir mucho más. Y si todos se espantaban, las carretas sólo serían un obstáculo, pero no infranqueable.

Por fin, cuando don Francisco y Gregorio esperaban lo peor, el cielo comenzó a abrirse.

Y de pronto, como el despertar de una pesadilla, la manga desapareció.

Las vimos alejarse perseguidas por las aves, oscureciendo el horizonte del Sur.

Detrás de las langostas, nada. Donde habían estado los sembrados, sólo quedaban tierra yerma y minúsculos restos de tallos mordisqueados.

Siempre en silencio, como en un velorio, salimos al exterior.

Un vistazo al potrero nos dio un suspiro de alivio: la situación parecía bajo control. Los animales, más tranquilos, no habían llegado a romper la barrera de las carretas. Todas seguían en pie.

Y lo más importante, la gente, también. Pronto supimos que no había heridos serios. Rafael montaba su tordillo junto al bayo de su padre. Alcé la mano, me contestó y vino a reunirse con Domingo y conmigo.

Pero nadie tenía ganas de celebrar. No delante de los puesteros.

Guzmán fue el último en salir de la casa. A ejemplo de Rodrigo, nos abrimos respetuosamente para dejarlo pasar. Caminó lentamente hasta la mitad del sembrado. Se agachó. Recogió un puñado de tierra en la mano derecha crispada. La apretó hasta marcar en la piel cada vena de la muñeca. Entonces abrió la mano y la dejó caer.

–Esta tierra está maldita –dijo con una voz que dolía– Se lleva todo... Se lleva los hijos, la sangre, la vida entera...

La mujer se agachó a su lado.

–No, viejo, no es verdad. La tierra no es mala. Y alguien tiene que quedarse pa que los viajeros tengan un lugar... Alguien tiene que quedarse pa no dejar solos a los que se fueron...

Y tomó la mano del hombre, y él la abrazó, y los dos, de rodillas, las cabezas gachas, lloraron.

Nunca había visto llorar así a gente grande. Tal vez por eso me quedé mirándolos hasta que Rafael me hizo un gesto para que los dejáramos solos.

ntes de partir, don Francisco les dejó varios costales de grano que habían quedado en las carretas, a salvo de la langosta. Los recibieron agradecidos, y prometieron pagárselos en cuanto pudieran.

–No me deben nada, hombre –protestó Candioti–. Ya bastante le han pagao hoy al desierto... Todo lo que hay en esas bolsas es de ustedes. Todo, y no se hable más.

Rafael sonrió como quien guarda un secreto. Lo miré interrogante.

–También les ha puesto plata en las bolsas –me dijo, entrelineando las palabras de su padre.

Nosotros hicimos nuestro humilde aporte: unos cuantos caramelos más para Griselda y Vicente.

Ella los recibió con un "gracias" que decía más. Cuando nos fuimos, casi al anochecer, se quedó parada afuera de la casa, mirándonos. La saludé con el brazo. Ella contestó tímidamente y permaneció ahí. La última vez que me di vuelta, ya bastante lejos, todavía estaba.

De ahí en más entramos en el desierto. Ochenta leguas de pasto seco y sol abrasador, casi sin aguadas. La primera noche no hubo forraje para los animales, ya que las langostas habían bajado por esa ruta. El ganado, sobre todo las vacas, venía bastante intranquilo, y tuvimos que abrir bien los ojos. Don Francisco iba de aquí para allá controlando que todo marchara bien.

Poco después del amanecer llegamos a campos donde crecía el pasto, duro y seco pero pasto al fin, y nos detuvimos para que los animales comieran y la gente recuperara fuerzas.

Así seguiríamos de ahí en adelante, viajando desde la tardecita al amanecer y descansando de día. Yo pensé que me iba a costar dormir de día, por el calor y la falta de costumbre, pero venía tan cansado que me bastó con acostarme a la sombra de una carreta para dormir a pata tendida.

Don Francisco, fiel a su reputación, parecía no dormir nunca. De vez en cuando desaparecía en el interior de una carreta por una hora o dos, y supongo que aprovecharía entonces, pero la gente estaba convencida de que seguía con sus papeles. De hecho una vez Gregorio me mandó a preguntar si quería adelantar la salida, un día algo más fresco, y lo encontré haciendo cuentas sobre una mesita.

Otro que tenía el sueño liviano era Roberts. Le alcanzaba con una siesta de tres o cuatro horas. Se protegía bastante del sol: sólo se quitaba el sombrero para dormir. Lo que no podía evitar eran los mosquitos y los tábanos. Todos sufríamos su molesta compañía cotidiana, pero con Roberts se ensañaban. No sé si sería porque era extranjero y la sabandija muy criolla, o porque los bichos prefieren gente de piel clara. Lo cierto es que el pobre vivía todo picoteado. En cambio a Domingo casi no lo atacaban, lo que vendría a confirmar la teoría de la pigmentación.

Un par de veces vimos, a nuestra derecha, las toscas empalizadas de los fuertes que seguían la línea del Salado con el objeto de proteger a la campaña de los malones. Hasta allí no les había visto mayor utilidad, ya que de indios ni las plumas.

Al quinto día desde que salimos de la posta acampábamos junto a una laguna. Nos había tocado la guardia, y charlaba con Rafael cuando noté que él se ponía tenso.

–¿Qué hay? –le pregunté.

–Viene un jinete –me dijo.

–¿Dónde?

–De allá.

Señaló al Levante, y como siempre me tomó varios segundos distinguir la minúscula nube de polvo que él había visto sin dificultad. Venía hacia nosotros.

–¿Es uno solo? –pregunté.

–Ajá...

–¿Le avisamos a Gregorio?

–Esperá, vamos a ver de qué se trata, primero.

El jinete pronto se hizo más claro. Era un milico. A unas dos cuadras de nosotros redujo el galope a un trotecito, y detuvo el pingo, un oscuro malacara, a unos pasos. Tenía el uniforme de los blandengues. Era muy joven, un chico de quince o dieciséis años.

–¡Salú, gurises!

–Güenas, cadete –respondió Rafael–. ¿Qué se le ofrece?

–¿Son la tropa de Candioti?

–Ajá. Es mi tata.

–El capitán me manda a verlo.

–Ya te llevamos –Rafael se volvió hacia mí–. Acompañalo, Pedro. Mejor que yo me quede con el arreo, si pasa algo soy más baquiano que vos.

–Como quieras –dije, y le indiqué al muchacho que me siguiera.

Se me puso a la par. Rodeamos el arreo al trotecito. Era un chico no muy alto pero seguramente fuerte, de mirada viva, inteligente, y frente ancha. Parecía algo preocupado, así que le pregunté:

–¿Hay problemas?

–Todavía no. Pero puede haber... –contestó, lacónico. Y me dejó bastante intrigado.

En el campamento don Francisco mateaba con Rodrigo y un par de gauchos. Fuimos directamente a su encuentro.

–Don Francisco, el cadete acá quiere verlo.

–Ajajá. ¿Y a qué se debe su visita, cadete?

–Buenas tardes, don Francisco. El capitán Echagüe me manda avisarle que una descubierta ha visto una partida de abipones como a dos leguas al Norte. Deben ser unos cien.

–Muy bien, cadete. Quedo prevenido y agradecido. ¿Algo más?

–Sí, don Francisco. De acá a dos horas le va a mandar un refuerzo de veinte hombres con el teniente Larrechea.

–¿Tan brava es la cosa?

–Es Alaiquín, señor.

A la mención del nombre del cacique, don Francisco frunció el ceño. Miró al chico.

–¿Y usted se ha venido solo con Alaiquín alzado?

–Había poca gente en el fuerte de la Esquina, y sólo podían mandar a uno. Me ofrecí de voluntario, señor.

Don Francisco miró al jovencito con interés.

–¿Cómo te llamás, muchacho?

–Estanislao López, señor.

–Bueno, cadete López, supongo que tendrá órdenes de esperar aquí al contingente.

–Así es, don Francisco.

–Entonces aprovechá: hay asado y mate para un valiente, si gusta.

El chico esbozó una sonrisa, dio las gracias y se acercó al fogón.

Me acerqué a mi tío.

–Rodrigo –le tiré de la manga–, ¿quién es Alaiquín?

–El cacique principal de los abipones. Es bravo, y de armas tomar. Pero no creo que se meta con don

Francisco. Le debe favores, lo respeta y lo teme. Por otro lado, debe precisar caballos. Así que en una de ésas se juega a robarlos. Habrá que andar con cuidado, sobrino.

Asentí en silencio.

Esperé a que don Francisco acabara de dar instrucciones a Gregorio y Aguilera, y entonces le pregunté si debía volver a mi puesto.

–No, Pedro, no hace falta. En pocos minutos va a cambiar la guardia. Mejor quedate aquí.

Aliviado, fui a sentarme junto al fogón. El cadete López se había sacado el quepis y comía un trozo de costillar. Lo miré con admiración. Notó mi presencia, y después de tragar me dijo:

–Vos no sos de por acá...

–No –confirmé–. Soy de Buenos Aires. Vine con mi tío. Me llamo Pedro de la Cruz.

–Sos buen jinete para ser pueblero.

–Y vos muy joven para ser milico.

Me miró con curiosidad. Mi tono había sido algo desafiante. Es que no me gustó nada lo de pueblero. Ahora que lo pienso, en realidad me estaba haciendo un cumplido importante.

Él terminó de comer, tiró el hueso por sobre el hombro, se limpió las manos en el pañuelo y me miró, serio.

Por un momento creí que estaba enojado conmigo. Pero sonrió y me dijo:

–Me gustan los que no se achican. Aquí está mi mano, Pedro de la Cruz.

–Y acá la mía, Estanislao López.

Me apretó la mano con fuerza. Aguanté hasta que la soltó. Volvió a sonreír, complacido. Luego se fue a sestear contra la rueda de una carreta, el quepis sobre el rostro.

En eso apareció Domingo, contagiado del aire de preocupación que flotaba en el campamento. Mi información no lo tranquilizó, precisamente.

Rafael no tardó en llegar y se sentó con nosotros. Los tres nos quedamos ahí, junto al fogón, a la vista y sin interferir. Si nos necesitaban estaríamos a mano y si no, no estorbaríamos.

El milicaje llegó un par de horas antes de la puesta del sol, más o menos cuando había dicho Estanislao. Perdimos su compañía.

La presencia de veinte hombres con sables y armas de fuego reconfortó un poco a los troperos. Todos opinaban que Alaiquín no atacaría a tanta gente armada. Pero nadie estaba del todo seguro.

Don Francisco resolvió arrancar de inmediato. La tropa se puso en marcha una hora antes de lo previsto.

Esa noche fue la más larga del viaje. Todos íbamos pendientes del menor ruido o silencio extraño. A mí me habían mandado con Rafael a un sector muy protegido, cerca de las carretas. Pero aun ahí seguí viendo indios detrás de cada cortadera, y cada grito de un ave nocturna se me hacía un alarido de guerra.

Gregorio me habrá visto medio abatatado, o tal vez di un respingo más de la cuenta al oír a un urutaú. En todo caso, se puso a mi lado.

–¿Qué tal, Pedro?

–Y... preocupado, para qué lo voy a negar.

–Por ahora todo va bien.

–Gregorio, yo nunca vi un abipón.

–Ni creo que los vayas a ver esta noche. Pero están ahí, nomás...

–¿Cómo son?

–Bravos, Pedro. Y duros y brutos como ellos solos. Pero no son malos.

–¿Cómo es eso?

–Antes que llegáramos los cristianos, esta tierra era de ellos. Cazaban acá, andaban por todos lados sin que nadie los molestara... Pero los españoles fundaron pueblos donde ellos iban a cazar, a pescar o a tomar agua. También trajeron los caballos, que les vinieron bien. Y más de uno se amancebó con indias, y de ahí hemos salido los criollos...

–¿Vos creés que tendríamos que dejarles la tierra a ellos?

–No, ya no se puede. Nosotros tampoco nos vamos a ir, y no es culpa tuya ni mía que las cosas sean así... Pero si yo fuera indio, no me quedaría tan tranquilo viendo cómo otros aprovechan lo que era de mi gente.

–¿Y cómo se podría arreglar?

–Mirá alrededor, Pedro. ¿Qué ves?

–Mulas. Muchas mulas.

–¿Y más allá?

–Campo. ¡Mucho campo!

–¿Ves? Aquí sobra tierra para todos. Para el gaucho, para el indio, y hasta para los godos maturrangos que nos ponen la pata encima. Algún día tendrá que venir alguien que diga: "la tierra es pa todo el mundo, la pueden compartir y repartir pa que cada uno tenga ánde caerse muerto. O pueda andar de acá p'allá sin que le falte nada.

–Sería lindo, ¿no?

–Sería lindo... Pero las cosas no son así. Y cuando hay seca o langosta los bichos pasan hambre y el indio también. Y entonces se pone cabrero, y hay que andar como esta noche, con los ojos bien abiertos.

Debo haberlos abierto bastante, porque Gregorio rió:

–No tanto... Ya te dije, no creo que se atrevan con tanta gente como llevamos. Y Alaiquín nunca se ha metido con don Francisco. Tendría que andar muy desesperado para atacarlo. Amás, don Francisco lo ayudó otras veces, y los abipones son agradecidos. Más que otra gente que los trata de salvajes pero muerde la mano que le da de comer...

Gregorio me dejó un poco más tranquilo, pero así y todo el resto de la noche no gané para sustos. Supuse que el amanecer aventaría mis temores.

Cuando la madrugada clareó la pampa un hornero saludó al sol desde la rama de un tala, junto a su casita de barro. Tuve ganas de silbar.

Rafael fue quien se me puso al lado esta vez, en su guapo tordillo.

Pero no venía muy alegre.

—Mirá, Pedro —señaló a nuestra derecha.

Ahí estaban.

Más allá de las carretas que flanqueaban el arreo, más allá de la fila de soldados que nos rodeaba con los fusiles a mano, sobre una loma que iba a dar al Salado.

Una segunda columna de jinetes.

A la distancia, reconocí los penachos de plumas, los torsos desnudos, las tacuaras alzándose verticales a la derecha de cada uno.

Capítulo XV

Así seguimos durante minutos que parecían años, cada grupo manteniendo la distancia.

La tensión se respiraba en el aire, se sentía en cada ráfaga de viento, iba y venía en las miradas nerviosas de los hombres. Todos temíamos ese primer tiro o ese primer alarido que podía desencadenar la masacre.

Más adelante, don Francisco conferenciaba de a caballo con mi tío, Aguilera, Gregorio y dos oficiales, un capitán y un teniente.

Mientras ellos cabildeaban, Rafael y yo nos acercamos al carro de Domingo y Segismundo, uno de los punteros. Desde allí se veía con claridad todo el conjunto, incluso la silenciosa hilera de abipones.

De pronto, don Francisco se desprendió del grupo. Con él salió otro jinete, que al principio no reconocimos. Era uno de los blandengues.

Los dos cabalgaron un trecho en dirección de los indios. Iban con las riendas en la izquierda, el otro brazo levantado en un signo inequívoco de paz.

Los indios esperaron un tiempo.

Y uno de ellos, un hombre alto con tres plumas sujetas a la frente con una vincha, se adelantó. También a él lo acompañó otro jinete, que tenía todo el cuerpo pintado de negro.

A una cuadra de distancia, don Francisco y su compañero frenaron los fletes. También lo hicieron los indios.

Hubo señas y voces.

Luego un compás de espera. El jinete que iba con don Francisco volvió hacia nosotros. Lo reconocimos: era el cadete López.

Cuando llegó hubo otra rápida conferencia. Rodrigo hizo una seña: Aguilera y Gregorio fueron hacia la tropilla de caballos.

Con otro par de gauchos apartaron una docena de pingos de reserva y los arrearon hasta el punto de reunión. Allí, junto a don Francisco, fueron al encuentro de los dos indios. Alaiquín (no podía ser otro) y su acompañante los dejaron llegar.

Segundos después, los dos indios volvían hacia su gente con los caballos. No bien los alcanzaron, Alaiquín se volvió hacia don Francisco y alzó el brazo.

Candioti respondió con el mismo gesto.

Y entonces, a la vez, todos los indios desaparecieron tras la colina como tragados por la tierra. Durante un ratito oímos cascos que se alejaban.

Los soldados aún nos acompañaron un tiempo por si los abipones cambiaban de idea. Felizmente no fue así.

A eso de las once de la noche llegamos a Tres Mojones, donde terminaba la jurisdicción de Santa Fe y comenzaba la de Salta, entrando a la región de Santiago del Estero. El río Salado corría a nuestra derecha. Detrás quedaba la travesía. Por delante, más tierra llana pero sembrada de monte.

Allí, junto al río, los blandengues nos dejaron para volver a su fuerte. Hubo despedidas y agradecimientos.

A la pasada Estanislao nos saludó con la mano. Supe que lo volvería a ver.

De allí en adelante seguimos un curso más o menos paralelo al Salado. Lo veíamos cuando el monte no lo ocultaba. En tierra santiagueña encontrábamos a menudo bañados donde los animales podían beber; también pasto un poco más ralo, tierra más clara y menos consistente que la de Santa Fe. Había árboles, pero la mayoría bajos y ásperos: chañares, talas, piquillines, mezclados con tunas y matorrales de espinillos. También vi palos borrachos de troncos hinchados y a veces, a la distancia, algún quebrachal, los troncos blancos elevándose sobre la vegetación más humilde.

A esta altura del viaje ya me sentía todo un arriero. Mis manos ostentaban sus primeros callos y los gritos de "¡Mula!" o "¡Vaca!" me salían como al gaucho más pintado. Además, después del incidente con los indios todo marchaba a la perfección. Los animales, que ahora tenían agua a mano, se habían hecho al ritmo de marcha y daban poco trabajo. Tan poco que Domingo empezó a animarse: se eligió uno de los caballos más mansos y se largó a acompañarnos a Rafael y a mí en las guardias. Y al paso, en las noches claras, el morenito agregaba su voz agradable al canto quedo de los gauchos.

Sí, todo iba muy bien. Demasiado, dijera Nepomuceno, el más veterano de los arrieros. Tenía la teoría de que nunca se está totalmente a cubierto.

En cambio Gesualdo, uno de los más jóvenes, siempre estaba de buen humor. En las carneadas se daba maña para quedarse con las mejores achuras y solía compartirlas con nosotros los chicos.

Y Gregorio procuraba enfrentar todo con una sonrisa, o una risa abierta directamente.

–Si uno vive priocupao, se pierde el lao lindo de las cosas –solía decir–. Hay que tomar todo como viene, digo yo.

Pero había algo que preocupaba a pesimistas y optimistas por igual: el tiempo. Nada de lluvia era un problema; mucha lluvia, y especialmente las tormentas eléctricas, otro peor.

Según Leopoldo Ruiz, que era de la zona, la estación lluviosa iba terminando. Pero, fiel a su filosofía, Nepomuceno comentó:

—Entuavía hay tiempo pa un aguacero más.

—La boca se te haga a un lao, viejo —bromeó Gregorio.

—El viento viene del Norte —señaló el veterano.

El propio Gregorio tuvo que admitirlo.

Y Nepomuceno no se equivocaba. Faltaba una tormenta. La trajo el Norte, cargado con la humedad de la selva del gran Chaco, ese viento que agobia, sofoca y envuelve en calor pegajoso a hombres y animales. Al quinto día de marcha nos despertamos de la siesta a un cielo nublado, oscuro y amenazante.

Primero creí que era de noche. Pero no, no podían ser más de las cinco de la tarde. Entonces un relámpago hirió de luz el horizonte de plomo, y la protesta inmediata del trueno rodó por las nubes hasta los cerros lejanos.

Don Francisco, el semblante adusto, llamó a Gregorio y Aguilera. Tras el rápido cambio de palabras, los capataces pasaron la orden: esa noche mantendríamos el campamento, reforzando la guardia.

Los gauchos fueron a buscar sus montas. Rafael, Domingo y yo íbamos a pedir instrucciones a Gregorio, cuando Rodrigo nos salió al paso, ya jinete en su árabe.

—Ustedes se quedan, chicos.

—Pero, ¿por qué, Rodrigo? —preguntó Rafael.

—Acabo de hablar con tu padre y Gregorio. Ya conocés el peligro que suponen estas tormentas.

Rafael asintió en silencio. Ninguno de los dos había querido pronunciar la palabra que todos los arrieros temen más que a la muerte.

—¿Y qué hacemos? —pregunté yo.

–Se quedan en la carreta con Segismundo. Y si pasa algo, no se me hagan los héroes.

Y allá fuimos, Domingo francamente aliviado, yo decepcionado en mi inconciencia, Rafael cubriendo de tranquilidad aparente su temor justificado.

La lluvia se veía al Nordeste. Aún a un par de leguas, cayendo como una cerrada cortina gris de los cúmulus nimbus hasta el llano.

El cielo abrió el telón, tan pavoroso como fascinante. Los rayos se lanzaban desde una nube para clavarse en otra como lenguas de víbora, y cuando los relámpagos quebraban la oscuridad era como si Dios encendiera un candil y lo apagara de un soplo. El viento había cambiado: ahora nos fustigaba la cara y el pecho, y aullaba entre los pobres chañares.

Me sentí invadido de una exaltación salvaje. Casi disfruté la cercanía de la tormenta, con el profundo aroma a tierra mojada.

Entonces miré a mis amigos, y me sentí egoísta. Domingo también miraba el cielo como hipnotizado, pero como un pájaro ante una serpiente, y Rafael no veía la tormenta. Él y Segismundo tenían otra preocupación, la que todos compartían y yo había olvidado.

Las mulas.

Miré al arreo, encerrado en el endeble corral de sogas trenzadas, rodeado por todos los hombres capaces, y vi lo que ellos veían.

Los relámpagos se metían en los ojos desmesuradamente abiertos, los truenos mantenían enhiestas las largas orejas, el olor de la lluvia expandía las aberturas de los hocicos... Unos cuerpos se apretaban contra otros. La electricidad de arriba amenazaba con diseminarse en el rebaño de abajo. El nerviosismo del día pesado se iba trocando en terror.

Segismundo y Rafael pensaban en lo mismo.

–Te acordás de Pastor, ¿verdá? –dijo el negro.

–Sí... Pensaba en él –reconoció el chico.

Como Domingo y yo los miráramos interrogantes, Segismundo nos explicó:

–Pastor era un muchacho de la Bajada que vino con el arreo hace un par de años. Era muy joven, veinte años a lo más. Se estaba por casar con una gurisa de Santa Fe...

Segismundo hizo una pausa. Siguió sin mirarnos, la vista en el horizonte oscuro.

–Fue una noche como la que se viene. Más al Norte, en la quebrada del Toro. Unas mulas pegaron la espantada. En menos que canta un gallo, todo el arreo salió disparado... Él estaba del lao de la sierra. Se ve que habrá quedao medio encerrao... Habrá querido salir, y el pingo se habrá voliao... Lo encontramos a la mañana siguiente. No había mucho que sepultar...

Las primeras gotas salpicaron el suelo, golpearon el cuero que cubría la carreta y lloraron en los cacharros colgados como plañideras conmovidas por el relato del negro.

Nos metimos bajo el cuero. Desde allí seguimos con los ojos puestos ya en la lluvia que se hacía aguacero, ya en el ganado y los gauchos. El golpeteo constante de las gotas y el viento no llegaban a cubrir los rebuznos y mugidos, cada vez más altos, cada vez más angustiados.

De pronto, una luz cegadora y al punto un estrépito que sacudió la tierra como para abrirla.

El rayo había caído ahí, a pocos pasos, devorando en fuego un chañar.

No hizo falta más. Las mulas punteras del lado derecho chillaron de terror y algunas emprendieron la carrera a ninguna parte.

El pánico recorrió el arreo entero en una sacudida siniestra, y el suelo volvió a temblar con un trueno diferente: miles de cascos y cientos de pezuñas habían arrancado desenfrenados y corrían tras los primeros desertores sin más rumbo que el de su locura.

Varias gargantas gritaron la palabra que ronda las peores pesadillas del gaucho.

—¡Estampida!

Capítulo XVI

Bajo la lluvia, escapando del fuego, desesperados de terror ante esa fuerza que arrasa y destruye, mulas, novillos y pingos galopaban arreados por el pánico.

Maneados junto a la carreta, nuestros caballitos permanecieron intranquilos pero en su sitio. Vi que Rafael los miraba.

Un segundo después lo vi hacer algo tan audaz como insensato. Aprovechando que Segismundo no le prestaba atención, concentrado en la estampida, Rafael saltó fuera de la carreta y salió corriendo hacia su tordillo.

–¡Gurí! ¿Qué hacés?

Y en un impulso que no comprendí entonces y sigo sin entender ahora, salté tras él. Segismundo no alcanzó a girar a tiempo para impedírmelo. Sin pensarlo, me encontré montado en el alazán junto a mi amigo.

Rafael me miró entre sorprendido y desconcertado.

–¡Hacé lo que yo haga! –me gritó– ¿Entendiste?

–¡Sí!

Y salí en pos de él como chiquetazo. Llegué a oír que Segismundo amenazaba a Domingo para que no nos acompañara...

En ese momento lo único que vi fue la masa tremenda de animales que atropellaba arbustos y pajonales, imparable.

Con Rafael, los alcanzamos y fuimos flanqueándolos a cierta distancia, como hacían los arrieros, empeñados en lograr que las mulas mantuvieran una dirección.

–¡Abrile, Pedro, abrile! –me avisó Rafael, y siguiendo su ejemplo me aparté hacia la izquierda. Ahí pude ver lo que pasaba al frente de la columna.

Algunos jinetes, entre ellos don Francisco, Aguilera, Gregorio y Roberts, habían alcanzado a los líderes y procuraban desviarlos hacia la derecha, es decir hacia el río.

Otros hombres se adelantaron para achicar el campo de los punteros. Rodrigo y Gesualdo iban a la cabeza. De pronto, el caballo del joven gaucho metió una pata en un hoyo y pegó una rodada.

Gesualdo cayó parado, pero perdió las riendas. El pingo, espantado, se escapó. El muchacho trató de correr, pero las bestias estaban más cerca que el río.

Cuando cascos y pezuñas lo alcanzaban, un brazo surgió de la nada y el joven gaucho trepó de un salto a la precaria seguridad del anca de otro pingo.

Su salvador, sin detener el caballo, giró y se abrió al galope.

Apenas a tiempo. La estampida les pasó raspando. Casi arrastró al animal con sus jinetes.

En ese momento, y sólo entonces, me percaté de que el jinete que había arriesgado todo para salvar al hombre en peligro no era otro que mi tío.

A todo esto don Francisco y Aguilera por un lado, Gregorio y Nepomuceno por el otro, conseguían torcer el rumbo de los líderes. El grueso de la tropa los siguió hasta el río, y el gigantesco obstáculo logró frenarlos. Algunos animales siguieron adelante, otros quedaron atrás para siempre, pero la gran mayoría se fue deteniendo y tranquilizando frente al Salado, caudaloso y sereno bajo la lluvia.

Como la furia de los animales, la tormenta también menguaba. La lluvia se volvía llovizna, molesta pero estable, y el cielo se aclaraba a un gris monótono. Las centellas y los truenos se perdían rumbo a Córdoba, en busca de las sierras.

No ganábamos para sorpresas: Rafael y yo aún no habíamos reaccionado del todo cuando la voz de Segismundo, sin ningún protocolo, nos puso en nuestro lugar. Con un rosario de imprecaciones y denuestos. Creo que el más suave nos trataba de "borregos de miér...coles".

Rafael y yo nos miramos. Y los dos a la vez largamos una carcajada. Yo me saqué la camisa empapada, él también, y dejamos que la lluvia nos corriera por la espalda mientras íbamos de vuelta a la carreta, arreados por nuestro guardián.

Esa noche acampamos obligados a la orilla del río. Lo primero que hizo don Francisco fue pasar lista. No disimuló su alegría cuando constató que no faltaba nadie.

Ex profeso, dejó para el final a Gesualdo. Al dar el presente, el muchacho agregó:

–Gracias a don Rodrigo.

Y todo el gauchaje vivó al hombre que había despreciado su seguridad para salvar la vida del otro.

Me hinché de orgullo. Y más cuando él, sonriente, sólo respondió:

–Era el que estaba más cerca. Ése es todo el mérito.

Se volvió para encontrarse con una cara radiante. Me tomó por los hombros y me estrechó a su lado.

Claro que eso no me salvó del tirón de orejas:

–¿Me querés decir que fuiste a hacer con el otro sinvergüenza?

Intenté explicar lo inexplicable:

–La verdad, no sé. No teníamos nada que hacer, y quisimos ayudar...

–Ya podrán ayudar mañana –dijo don Francisco–. Hay que campear los animales perdidos. Ya que andan con ganas de colaborar...

–Como usté diga, tata –sonrió Rafael, ufano.

Rodrigo me revolvió el pelo.

–No creas que va a ser fácil.

–No importa –repliqué.

Me quedé mirándolo como si fuera la primera vez. Quería decirle mil cosas, y no me salía ninguna.

–Estoy orgulloso de vos –me dijo él, para mí solo.

–¿Vos, de mí? –pregunté sorprendido.

–Sí, te has portado como un bravo. Aunque seas un inconsciente.

–Será porque salgo a vos...

Él se rió y me acompañó hasta el fogón, el brazo sobre mis hombros. En ese momento, más que nunca, lo sentí mi padre.

Al día siguiente bien temprano hubo que salir a campear los animales alzados. Don Francisco cumplía lo que prometía: destacó varias yuntas de hombres. Y una de chicos.

–¿No estarán medio verdes pa estos trotes? –deslizó Gregorio al oír mi nombre y el de Rafael.

–El mío ya anduvo por estos llanos, y sabe seguir un rastro –contestó el patrón–. Y en cuanto al joven De la Cruz...

–Puedo aprender –intervine, con más audacia que seguridad.

–Ahí tenés, Gregorio –rió don Francisco.

–Si usté lo dice... –comentó el gaucho con sorna, más para mí que para Candioti. Pero me guiñó el ojo a la pasada.

Rafael me sonrió su confianza, y me invitó a seguirlo con un gesto. Nuestros pingos esperaban.

Era una linda mañana para cabalgar. La tormenta había limpiado el aire, y el fresco aroma a tierra mojada flotaba a la orilla del río. Seguimos su curso al trotecito, Rafael atento a cualquier señal, yo a sus movimientos. Gregorio nos había asignado la ruta más fácil, paralela al Salado. No había forma de perderse: bastaba con dar media vuelta para encaminarse al campamento. Pronto perdimos de vista a los otros gauchos.

Avanzamos al paso. Rafael miraba al suelo con insistencia. Por fin algo le llamó la atención. Desmontó y se agachó para examinar el suelo barroso.

Cuando me acerqué, vi lo que él: huellas de cascos, más estrechas que las de un caballo.

Rafael se incorporó; con aire de conocedor, me dijo:

—Por aquí pasaron cuatro mulas. Acá bajaron al río a tomar agua, ¿ves?

Yo no veía mucho al principio, pero seguí su dedo y sí, ahí estaban las marcas, mezcladas con otras huellas pero clarísimas.

—Teneme el tordillo —me entregó las riendas, y ganó la orilla en una corridita. Lo observé mientras recorría el borde del agua, un terreno pastoso y anegado donde el rastro podía perderse con facilidad. Se detuvo un par de veces, volvió sobre sus pasos y de repente se le iluminó la cara.

—¡Aquí están!

Marcó el suelo con el dedo del pie, y entonces yo también me di cuenta de que ahí el pasto se hundía apenas con la forma ovalada, inconfundible. Y pude ver otra marca, y otra, y me sentí como quien resuelve su primera raíz cuadrada.

–No han de estar lejos –dijo Rafael, con el optimismo contagioso de siempre–. ¡Vamos!

Montó de un salto, sin estribar –¡cómo lo envidiaba!– y salió al trote, seguro de la dirección.

Nos apartamos algo del río, lo que me intranquilizó. Se lo iba a decir a Rafael, pero entonces recordé que al fin el río siempre correría a nuestra derecha, y me callé a tiempo.

A poco andar vimos la silueta verde y ancha de un quebrachal.

–No, si son taimadas estas mulas de miércoles. Se han metido entre los árboles. Han de estar por ái, todavía.

Rafael taloneó su tordillo, yo mi alazán. Fuimos al galope, empujados por el viento fresco que ahora soplaba del Sur.

Cuando alcanzamos el monte, redujimos la marcha. Era un bosque tupido de árboles altos, añosos, con troncos colorados, ricos en tanino y duros como piedra.

El tordillo de Rafael avanzaba con soltura entre los quebrachos y los pequeños arbustos que estorbaban su paso. Mi alazán no se quedaba atrás. Seguimos un trecho a la sombra, a cubierto del viento y del sol que pintaba las hojas con un borde de oro, acompañados por los trinos de muchos pájaros.

Más adelante el bosque se abría a un claro. Y desde allí, un nuevo sonido se agregó al canto de las aves.

Una voz femenina.

Busqué la mirada de Rafael. Él se encogió de hombros. Seguimos al paso, con cuidado, evitando hacer ruido.

El sol caía a pleno sobre el claro. Allí, una mujer joven, con un vestido blanco y largo cabello negro, esperaba junto a un fogoncito sobre el que pendía una pava. Las manos muy finas cebaban un mate.

No podíamos verle la cara, pero una cosa era segura: ni el vestido ni las manos eran los de una campesina.

Rafael me hizo una seña, y desmontamos. Maneamos a los dos pingos y los dejamos atados con una "estaca pampa", como decía él (el cabestro clavado al suelo).

Protegidos por un arbusto, nos acercamos un poco más.

La joven se volvió. Y al verle la cara no pude ahogar una exclamación.

—¡Ana!

CAPÍTULO XVII

¡**P**edro! ¡Rafael! ¿Qué hacen ustedes aquí?

–¿Qué hacés vos aquí? –repreguntó Rafael.

–Estoy en camino a Salta.

–¿Sola? –quise saber, incrédulo.

–No, un amigo de mi familia nos visitó hace unos días, de paso para allá, y lo convencí de que me dejara acompañarlo. Fue mucho más razonable que Rodrigo.

–¿Y Luis qué dijo? –preguntó Rafael.

–Nada. Me escapé –dijo ella con una sonrisa pícara; y agregó, enigmática–: Ya me lo agradecerá cuando vuelva... Pero no se queden ahí parados. ¿Quieren un mate?

Aceptamos. No se nos ocurrió nada mejor.

–Ahora cuéntenme qué andan haciendo, solitos por estos montes. ¿Y el arreo?

–Acampado junto al río, al Sur de acá –contestó Rafael.

Ella me miró, interrogante.

–Rodrigo está en el campamento, si te interesa.

Acusó recibo, pero no dijo nada. No con la boca, por lo menos. Rafael concluyó el informe:

–Canpeábamos unas mulas. ¿No viste alguna, por casualidad?

–No. Pero anoche oímos pasar unos animales. Supuse que serían cimarrones. Los hombres salieron a buscarlos.

–¿Qué hombres? –pregunté.

–El señor que les mencioné, su caporal y dos peones. Es un comerciante, viejo amigo de Luis. Pero vos debés conocerlo, Pedro... ¡Ah, ya están de vuelta!

Nos volvimos para ver al gentil benefactor de Ana. Y casi me caí de espaldas.

No era otro que Alfonso Echeverría. Con Floreal y dos hombres más.

La sorpresa del ex amigo de mi tío fue tan grande como la mía.

–Alfonso, estos chicos... –empezó Ana.

–¡Ana, ese tipo...! –exclamé yo a la vez.

La vista del trabuco en la mano del señor Echeverría nos dejó mudos a ambos.

–Parece que el mundo es chico, al fin. O al menos el virreynato –declaró Alfonso.

Floreal echó mano al cabo de su cuchillo.

–¿Quiere que lo despene, patrón?

–No, Floreal. Sería muy desagradable, delante de la señorita Aldao. Además, estos jóvenes podrían sernos de gran utilidad.

–Alfonso, no entiendo nada –intervino Ana, yendo a su encuentro–. ¿Qué es esto? ¿Una broma? Estos chicos son...

–Sé perfectamente quiénes son, mi apreciada Ana –Alfonso nos señaló con el arma–. Este jovencito es uno de los varios hijos naturales de su tío Francisco, cuya herencia es aparente en él.

–Ha de ser el único reserito rubio... –observó Floreal.

–Seguramente –siguió Alfonso–. En cuanto al otro, es Pedro de la Cruz, sobrino de nuestro buen amigo y vecino Rodrigo... y carece por completo del don de la oportunidad. Un muchacho de ojos grandes y orejas largas, para su desdicha.

Mientras Alfonso hablaba, noté que Rafael ojeaba rápida y disimuladamente alrededor, pero los otros dos hombres del contrabandista nos cerraban las posibles vías de escape.

–Alfonso, no entiendo a qué se refiere –insistió Ana–. Ahora, haga el favor de guardar esa arma y terminar con...

–Mi estimada Ana, me refiero a que ese chico sabe demasiado de mis actividades previas, y a que se acabó el jueguito. Para ellos y para usted. Desde este momento deja de ser mi protegida para convertirse en... no me gusta la palabra cautiva, mucho menos rehén. Digamos que usted y estos dos chicos serán la base de una transacción. Si don Francisco y Rodrigo los quieren vivos, tendrá que abonar una suma considerable. De lo contrario, mal que me pese, se volverán prescindibles. Los chicos, al menos.

–Sigo sin comprender –protestó Ana.

–Ya entenderá. Ahora, Floreal, toma unos tientos y átales las manos a la espalda.

–Enseguida, patrón.

Ana intentó manotear algo en un pliegue de su vestido, pero el mestizo fue más rápido que ella y le aferró la muñeca.

–¡Suélteme! –gritó ella. Floreal le torció la muñeca y la obligó a soltar una pistola diminuta que algunas damas solían llevar como protección en los viajes largos.

Rafael se adelantó como para atacar a Floreal, pero uno de los peones lo atrapó y le rodeó el cuello con un brazo. El otro me agarró a mí. Impotentes, vimos cómo Floreal ataba las muñecas de Ana a su espalda, mientras ella se quejaba inútilmente:

–¡No me toque! ¡Bruto! ¡Me lastima!

Llegó el turno de Rafael, y por fin el mío. El Floreal ese sabía cómo atar una ligadura. Creo que gozaba apretándolas hasta casi cortar la piel.

–¿Qué hacemos ahora, don Alfonso?

–Primero debemos poner a estos jóvenes a buen recaudo. Nuestro destino primitivo sería ideal. Desde allí podríamos pedir un suculento rescate sin riesgo alguno. Pero no hay tiempo que perder. Tenemos medio día antes que extrañen la ausencia de estos dos, y hay que poner la mayor distancia posible entre nosotros y Candioti.

No les costó encontrar nuestros caballos. Los otros dos nos colocaron a Rafael y a mí sobre las monturas. Sin ninguna delicadeza, claro.

Floreal en cambio le cedió el brazo a Ana con fingida cortesía. Ella retiró el suyo y lo escupió en la cara. El mestizo le encajó una cachetada feroz.

–No, Floreal, no. No se trata así a una dama–dijo Alfonso tranquilamente. Se acercó a Ana, que estaba a punto de llorar de rabia, la miró fijo y agregó:

–Ana, no ganará nada con hacernos las cosas difíciles. Yo puedo encargarme de que no sufra ningún daño, si usted me lo permite.

No sé bien por qué, pero en las palabras de Alfonso había aún más amenaza que en la violencia de Floreal. Ana captó el mensaje y se tragó la furia.

–Permítame... –repitió Echeverría, abriendo las manos para hacer ver su intención.

Ana, resignada pero no sumisa, dejó que él le tomara la cintura y la izara sobre su caballo.

–Así es mejor, ¿verdad? –la sonrisa de Alfonso me recordó a una yarará.

Ana desvió la vista.

–Las cosas podrían haber sido diferentes si... –empezó Alfonso. Ana lo interrumpió:

–No crea que se va a salir con la suya, Alfonso.

–No, si no creo nada. No creo en nada, de hecho –rió el contrabandista–. Y me saldré con la mía, Ana querida, como siempre.

No me la pude guardar:

–¿Igual que en Arroyo del Medio?

Me miró como para que lamentara haber perdido una espléndida oportunidad de quedarme callado.

–Ya hablaremos más tarde, mocoso. ¡Ahora, al galope!

Salimos del monte; Floreal y los dos paisanos llevaban nuestras riendas en la derecha, como quien lleva un caballo de refresco.

A la salida nomás, en un prado contiguo al monte, pastaban las cuatro mulas que nos habían metido en aquel brete. Rafael y yo cambiamos una mirada de circunstancia.

Así seguimos un buen rato rumbo al Oeste. Cada vez que encontrábamos terreno pedregoso o algún estero, por ahí pasábamos para perder el rastro. Y cada vez teníamos que esforzarnos para no caer, apretando bien las piernas.

Me las arreglé para mantener el equilibrio. En cambio, sobre un pedregal, de pronto Rafael voló limpito de su montura. El gaucho que lo llevaba frenó su pingo, lo alzó rezongando y lo volvió a colocar sobre el recado, algo magullado pero entero. Rafael sabía caer; había rodado al tocar el suelo.

–¿Estás bien? –le pregunté.

–¿No te lastimaste? –agregó Ana.

–No me hice nada, no se preocupen –contestó él.

–¡Menos charla! Y no se te ocurra volver a caerte, guachito –lo amenazó Floreal.

Rafael ni lo miró. Al ratito, cuando se cercioró de que nadie nos veía, me guiñó el ojo.

¿Tenía un plan?

A media tarde hicimos un alto junto a un bañado, para dar un resuello a los caballos y comer algo.

Cuando menos, pudimos estirar las piernas. Nos obligaron a sentarnos lejos de los caballos y de la fogata que encendieron.

Ana se nos acercó. Se volvió hacia Echeverría.

–¿Puedo hablar con los chicos, verdad?

–Puede –replicó Alfonso–. Pero les sugiero que prescindan de planear la fuga. Si lo intentaran, me vería obligado a reconsiderar mis propósitos. En otras palabras, si se escaparan, los prefiero muertos. Así que les recomiendo temas de conversación más constructivos.

–Seguiremos su consejo –respondió ella en el mismo tono.

No bien nos dejaron solos, Ana me preguntó:

–Pedro, ¿a qué viene todo esto? ¿Qué es lo que sabés de estos hombres?

–Ya te cuento. Pero antes creo que Rafael tiene algo que decirnos.

Él se inclinó hacia adelante, como para acomodarse, y dijo lacónicamente:

–Miren mi mano. Con disimulo...

Lo hicimos, distraídamente. La abrió. Tenía en la palma una piedra. Creo que era mica. Triangular y de borde afilado como un cuchillo.

Nos costó ocultar nuestro entusiasmo. Con razón mi amigo se había "caído" del caballo...

En eso uno de los secuaces de Alfonso vino a traernos unos trozos de charqui. Rápidamente pero sin hacerlo notar, Rafael soltó la piedra y se sentó sobre ella.

El hombre nos aflojó las ligaduras lo suficiente como para poder tomar la comida con las manos.

No bien se apartó, Rafael indicó:

–Pedro, contale todo a Ana y endemientras acercate a mí. Yo me voy a correr de a poquito.

Así que le fui narrando a Ana mi aventura con los contrabandistas, y en tanto nos colocamos de modo de cubrir a Rafael de la vista de los bandidos. Nos echaban miradas vigilantes de vez en cuando, pero se ve que se habían convencido de que no tramábamos nada porque al cabo nos prestaron menos atención. Rafael fue bajando su pedazo de carne casi hasta el suelo entre bocado y bocado, y cuando se cercioró de que nadie lo veía, no lo alzó solo. La piedra terminó bajo su faja.

Cuando concluí mi relato, Ana me contó que Alfonso se había presentado en su casa con Floreal unos días después de nuestra partida. Como dijera que pensaba viajar a Salta, ella insistió en acompañarlos. En ese momento estaba tan arrepentida que hasta admitió que Rodrigo tenía razón.

–Él te quiere –le dije.

–Sí, lo sé.

–No, no te quiere así nomás. Está enamorado de vos.

Me miró como dudando de mi autoridad en el tema. Pero habrá recordado aquel dicho de los niños y los locos, porque en un impulso nos dijo:

–¿Puedo decirte un secreto? ¿Y a vos, Rafael?

–Dale.

–Yo también. Estoy enamorada de él, quiero decir.

Valiente secreto... Rafael y yo tuvimos que esforzarnos para no reír.

–¿Y por qué no se lo decís? –le preguntó él.

–Lindo sería. El que se tiene que declarar es él.

–Nunca entendí bien por qué –dijo Rafael.

–Ya lo entenderás –replicó ella.

Ahí terminó nuestra conversación. Floreal nos obligó a ponernos de pie con un tirón al brazo de Rafael. Ana y yo no necesitamos ningún estímulo.

Y seguimos a caballo, siempre persiguiendo al sol. Ya estaba bajo cuando llegamos a la ribera del río Dulce. Allí Alfonso dispuso torcer hacia el Norte.

Cabalgamos hasta un rato después del anochecer. Finalmente nos detuvimos en un sector donde la orilla formaba una pequeña barranca.

Otra vez nos dejaron juntos. Ana nos miró entusiasmada. No podían haber elegido mejor lugar para intentar la huida.

–Es ahora o nunca, chicos –nos dijo en cuanto nos dejaron solos–. En cuanto consigas cortar los tientos, nos echamos los tres al río.

–Está crecido... –observó Rafael, no muy feliz ante la perspectiva de arrojarse al Dulce de noche.

–Eso es a nuestro favor –dijo Ana–. Los dos son buenos nadadores, los he visto.

Tuve que reconocer que no tendríamos una oportunidad igual.

Esperamos que se fueran a dormir. No valía la pena apresurar las cosas. Muy modositos, tomamos el charque y el agua que nos dieron y nos recostamos para dormir, Rafael entre Ana y yo.

Alfonso vino a echarnos un vistazo antes de acostarse.

Los tres fingimos dormir.

Seguramente quedó satisfecho, porque se apartó y fue a ubicarse cerca de la hoguera.

–Duermen –lo oímos–. Antenor, echales un ojo de vez en cuando. Que después te releve el Rude.

–Bueno, patrón.

El aludido, el más grandote, se apostó cerca de nosotros, algo alejado del fuego. Se ve que no muy a sus anchas, porque insensiblemente se fue acercando a la fogata. Entreabriendo los ojos, lo vi cabecear. No tardamos en oír sus ronquidos.

Para esto Rafael ya había empezado a cortar el cuero que le aprisionaba las muñecas, cubriéndolas con el cuerpo. Como moviéndose en sueños, giró hacia Ana, cuyas manos lo esperaban a una distancia conveniente. Luego me acerqué yo. En pocos minutos los tres nos acariciábamos las muñecas doloridas.

Ana echó un vistazo a la fogata y se cercioró de que nuestros secuestradores siguieran dormidos. Estiró el tiento más largo y lo ató alrededor de nuestras cinturas, dejándolo un poco flojo entre cada uno.

–Esperemos que no se rompa –nos dijo–. Tenemos que tratar de no separarnos en el río. Al principio dejen que la corriente los lleve, no vale la pena perder fuerzas nadando.

Los dos asentimos.

Tomamos el tiento, nos volvimos hacia la barranca y nos dispusimos a deslizarnos gateando hasta el borde. Y al alzar la vista...

Nos topamos con Floreal.

o sé si habría sospechado algo, o si venía a buscar a Ana aprovechando el sueño de su jefe. Lo cierto es que ahí estaba, cerrándonos el paso. Adiviné su sonrisa siniestra en la oscuridad.

Ana pensó muy rápido: sin darle tiempo a abrir la boca, le dio el más hermoso puntapié en una zona harto sensible y nos gritó:

–¡Ahora, chicos!

El grito ahogado de Floreal despertó a Alfonso y sus servidores, pero nosotros ya corríamos hacia el final de la barranca. Sin soltar el tiento, los tres saltamos a la corriente oscura.

Todo se hizo muy confuso. Caímos en el agua; por un momento sentí que la corriente me sumía hacia abajo, pero enseguida me encontré en la superficie junto a Ana y Rafael. Oí gritos y creo que algún disparo.

Los sonidos se perdieron mientras el río nos arrastraba en la noche, hacia el Sureste, al capricho de la corriente pero libres de los bandidos.

Ignoro cuánto tiempo pasamos dentro del río; sí puedo decirles que fue demasiado. Los tres nos preocupamos sólo por flotar, dejando que el Dulce hiciera el esfuerzo por nosotros.

Por fin llegamos a un tramo en el que la corriente reducía su fuerza, y Ana decidió:

-¡Chicos, ahora podemos ganar la orilla! ¡Vamos!

Rafael y yo la acompañamos. Me costó bracear y patalear: los brazos entumecidos apenas me respondían. Pero sacamos fuerzas de desesperación, y al fin el río era manso. Apuntamos a la margen occidental, la más cercana.

Pronto hicimos pie. Tras unos pasos en el agua barrosa que nos retenía las piernas doloridas, pisamos tierra seca y nos dejamos caer.

Ahí quedamos, empapados, ateridos, felices de haber escapado a hombres y río pero sin fuerzas para celebrarlo.

La noche, para nuestra fortuna, era templada. Rafael y yo nos quitamos dificultosamente las camisas pesadas de agua; Ana el vestido, que parecía de varios quintales. Hacía rato que había perdido zapatos y medias en el río.

Ella se acomodó en el suelo y abrió los brazos hacia nosotros:

-Vengan -ofreció.

Los dos dudamos un momento. Después de todo, ella estaba en ropa interior, y nos daba un poco de vergüenza.

-Peor sería morirse de frío -insistió Ana-. Y no se preocupen, los dos son muy niños todavía...

-¿Vos qué sabés? -replicó Rafael.

-Si no, preferiría el frío. "Deanlé", zonzos, vengan.

Nos colocamos junto a ella, uno a cada lado, y entre los tres reunimos un poco de calor. Me hizo mucho bien. Sin darme cuenta, me quedé dormido.

Lo primero que vi al despertar fue tres siluetas entre nosotros y el río; el sol bajo detrás no me permitía ver las caras. Tras un segundo en el que supe que no soñaba, me sobresalté, y al moverme coloqué un espléndido codazo en las costillas de Ana, que a su vez empujó a Rafael.

Dos de las siluetas se apartaron corriendo, asustadas. La tercera expuso unos dientes muy parejos en una risa espontánea, y se agachó a nuestro lado.

Pude verlo claramente: era un chico indio como de mi edad, el pelo renegrido y lacio, vestido con una especie de túnica blanca y calzado con ojotas.

–¡Hola! –saludó alegremente.

–Hola... –contestamos los tres. No se nos ocurrió nada mejor, supongo.

El chico se volvió y llamó a los otros dos, una niña y un muchachito más pequeños, que nos miraban con ojos temerosos desde atrás de unas tunas. Como no se movieran, el chico mayor agregó algo en un idioma que no comprendí.

Los más chicos se acercaron ahora, pero serios como perro en bote. El otro nos miró de nuevo, sonriente.

–Son unos miedosos estos dos –dijo, prolongando cada "s" casi hasta un silbidito.

Eso y el tono tranquilo de su voz nos dispusieron favorablemente hacia él. Los tres devolvimos su sonrisa.

–¿Y qué les ha pasado a ustedes? ¿Se han caído al río, ah? –preguntó.

Nos miramos entre los tres. Ana habló.

–Algo así... ¿nos podés ayudar?

–Se me hace que sí. Han de tener hambre y frío... Vengan con nosotros, pues.

Nos pusimos la ropa, casi seca por el aire fresco de la mañana, que dicho sea de paso nos hacía tiritar, y acompañamos a los tres chicos.

Nuestro buen samaritano se llamaba Ili, y vivía con sus hermanitos en San Francisco Javier, una reducción de indios calchaquíes, unas cuantas cuadras río abajo. No tenían padre ni madre; eran, al decir de Ili, "hijos de todos".

De eso nos enteraron en el camino, y a cambio les contamos lo básico de nuestra aventura.

Pronto tuvimos a la vista un caserío de ranchos de adobe, dispuestos en torno a una capilla pobre del mismo material. Rodeados por talas, algarrobos y paraísos. Cabras, gallinas y algún burro andaban entre los ranchos. Algunos chicos jugaban con piedritas enfrente de la capilla.

Más allá había un sembradío de maíz, porotos, tomates, ajíes y otras hortalizas, en el que trabajaban varios hombres y mujeres de blanco y otro con hábito de franciscano.

Al vernos llegar, un par de chicos salieron corriendo hacia la capilla. Pero Ili arrancó, aceleró y les ganó de mano.

Supimos el por qué de la corrida segundos después, cuando el tañido limpio de una campana alegró el aire matutino.

El franciscano y algunos hombres acudieron al llamado.

Nos encontraron rodeados de chicos curiosos. Tres jóvenes blancos, descalzos y desarrapados, serían una visita infrecuente.

Los hermanitos de Ili, a todo esto, habían perdido la timidez y nos tomaban de la mano a Rafael y a mí con cierto orgullo y esa mirada a la vez vergonzosa y pícara del niño que aún no cede toda su confianza a nuevos por conocer.

El cura estaba tan sorprendido como los indios. Sin que él lo pidiera, ya un par de mujeres habían entrado a un ranchito contiguo a la iglesia.

Fray Bernardo, que así se llamaba, nos hizo pasar por una salita con una mesa rústica y cuatro sillas, donde las mujeres ya calentaban agua en un braserito.

Luego nos llevó, a Ana por un lado y a Rafael y a mí por el otro, a cuartos contiguos, donde nos dio mantas para que nos cubriéramos mientras nos lavaban y secaban la ropa.

Enfundados en las mantas bordadas con motivos diaguitas, nos presentamos en la sala. Fray Bernardo, un hombre afable y de rostro sufrido, conocía a un medio hermano de Rafael, que era prior de los dominicos en La Rioja. De ahí en más ya nos sentimos como en casa, y animados por el mate largamos la lengua y relatamos nuestra pequeña odisea. Ili y un par de hombres entraron durante nuestra narración y se quedaron escuchando atentamente.

Cuando terminamos, el franciscano nos informó:

–Han venido a parar lejos, hijos. Esta reducción está a muchas leguas de donde se encontraba el arreo de tu padre, Rafael.

–Seguramente nos habrán salido a campear –dijo él–. Si usted pudiera prestarnos un par de caballos y alguien nos guiara...

–Los caballos los tengo; no son gran cosa, pero pueden cargarlos. En cuanto al guía, estamos en plena cosecha y no podemos distraer a ningún hombre...

Nos miraron casi como disculpándose. Y nosotros a ellos algo descorazonados. Pero el sacerdote tenía razón: no teníamos derecho a privarlos de dos brazos necesarios. Esa gente dependía de lo que cultivaba, y el invierno solía ser crudo con sus escarchas y heladas.

–¿Y si me distrae a mí, pai?

Ili había hablado.

El franciscano lo miró, pensativo.

–No sé, Ili. Una mujer joven y tres chicos solos por esos rumbos...

–Pero yo conozco el camino. Y tengo que ir, alguna vez. Usted ya sabe.

Algo indefinible alteró el rostro del sacerdote cuando Ili dijo eso.

–Nos las podemos arreglar, padre –terció Ana.

–Sí –agregué, no queriendo quedar afuera de la conversación–. El arreo no va muy rápido.

–Se puede cortar camino hasta Santiago, y de ái alcanzarlos en el Tucumán –insistió Ili.

Los cuatro quedamos pendientes de la respuesta de fray Bernardo. Su sonrisa la adelantó.

–Está bien –dijo al fin.

Todos gritamos alegría y gratitud.

–Tal vez el buen Dios lo haya dispuesto así, Ili. Ellos te necesitan y tú a ellos –siguió el sacerdote, y se volvió a nosotros:– Pero hoy y mañana, hijos, descansarán aquí. Les hace mucha falta.

Bastó que lo dijera para que me volviera a doler todo el cuerpo. Ninguno de los tres discutió.

El resto del día dormimos casi todo el tiempo. En otras circunstancias no sé cómo encontraría el catre que me tocó, pero entonces me pareció más cómodo que el mejor colchón de plumas.

Y al día siguiente nos sentimos con ganas de cabalgar de un tirón hasta Lima. Ana nos propuso aprovechar esa energía para pagar en parte nuestra hospitalidad.

Pasamos la mañana trabajando en el sembrado, ayudando a recolectar choclos tempranos y tomates y llevarlos hasta un galpón de donde todo el pueblo tomaba lo necesario.

–Esta reducción la fundaron los jesuitas –nos explicaba fray Bernardo, camino al almuerzo–. Los encomenderos les pusieron muchas trabas, y cuando expulsaron a los padres estuvieron a punto de clausurar la misión y llevarse a la gente. Por eso recibimos muy poca ayuda...

–Eso va a cambiar, fray Bernardo –dijo Ana–. Se lo prometo.

–Yo también –agregó Rafael, emocionado.

El sacerdote sonrió tristemente, y le revolvió el pelo.

En la plaza, a la sombra de los árboles, compartimos el pan de maíz con los indios. Yo sabía que Ana y Rafael, a través de sus familias, podrían cumplir. Sentí que no tenía mucho que ofrecer. Pero algo habría...

Ili me sacó de adentro:

–¿No te gusta el pan de máiz, Pedrito?

–¿Eh? Sí, me encanta.

–Comé, pues. O se lo van 'acabar los gorgojos...

La sola voz de Ili te hacía sentir mejor. Al mismo tiempo que él, le eché un mordisco feroz a mi hogaza de pan, y vernos el uno al otro fue casi atragantarnos de risa.

Por la tarde, fray Bernardo no nos dejó trabajar. Ni a Ili. Nos esperaba un viaje largo, pretextó.

–Si quieren aprovechar bien el tiempo, recen un poco. Para que la Virgen los proteja en el camino y nos dé un invierno benigno.

Yo no soy muy chupacirios, pero esa tarde me recé con ellos un rosario y las letanías. Y no me aburrí.

En la capilla, solos, fuimos más de cuatro.

Salimos a la madrugada, Ana con Ili en un caballo, Rafael y yo en el otro, las alforjas llenas con víveres para varios días y cada uno con un chifle de agua fresca. No sabíamos cómo agradecer a la buena gente de la reducción: nos habían dado más de lo que podían.

Ili tuvo un último cambio de palabras con fray Bernardo. En su viaje había algo más que acompañarnos. Qué, no sabíamos. Por el momento se lo reservaba; de cualquier modo, no estaba relacionado con nosotros. Lo hablé más tarde con Rafael. Él pensaba como yo que si Ili tenía algo que decirnos, lo haría a su tiempo.

En fin, salimos por una senda antigua y poco transitada, uno de los viejos caminos que habían usado los indios desde los tiempos del imperio incaico.

Dentro de Santiago viajamos tranquilos, sin sobresaltos: no encontramos bandidos ni tribus hostiles, y en el llano no hay que temer pumas ni jaguares, que prefieren sierras y montes.

Eso sí, la segunda noche Ana estuvo a punto de tender la manta sobre una lampalagua, pero Ili lo advirtió a tiempo. Elegimos otro lugar para descansar. El sentimiento fue mutuo: la serpiente también se mandó a mudar.

A pesar de esa distracción, tengo que decir que Ana no dejaba de sorprenderme. Yo la había creído una maturranga, y resultó que andaba a caballo tan bien como Gregorio. Tenía su carácter, pero no supuse que sabría arreglárselas a la intemperie. En cambio se movía con la misma comodidad que en los salones. Y no se andaba con remilgos ni le esquivaba el bulto al trabajo. Cada vez que desmontábamos ella se ocupaba de preparar el mate mientras Rafael se encargaba de los caballos, Ili encendía el fuego con yesca, pedernal y ramitas y yo descargaba lo que necesitáramos.

Por la noche charlábamos, contábamos cuentos, a veces cantábamos y al final nos dormíamos contando estrellas, que brillaban como nunca en el cielo muy abierto y casi siempre sin nubes.

No faltaron momentos difíciles, como bordear una salina en un día caluroso; los reflejos del sol en la extensión blanca herían los ojos. Y un par de veces estuvimos a un paso de quedar empantanados: la primera en un estero lodoso, la segunda en un pozo de brea.

Pero en general la travesía fue mucho menos penosa de lo que habíamos imaginado. Y sabíamos que nos íbamos acercando al arreo cada vez más.

Tal vez se pregunten qué fue del arreo entretanto. No quiero dar testimonio de cosas que no viví, pero tengo una de las cartas que Rodrigo puntualmente escribía a tía Eugenia, y me ha parecido oportuno incluirla en el relato.

antiago del Estero, 1o. de febrero de 1803

Querida hermana:

Te escribo angustiado por la incertidumbre acerca del paradero de nuestro Pedro y Rafael, el hijo de Candioti. Como te lo hice saber en mi misiva anterior, a medida que pasaban las horas y el resto de los troperos iba regresando al campamento, mi preocupación y la de don Francisco iban aumentando. Al caer la tarde Candioti había tomado una decisión: no bien clareara él se adelantaría conmigo y con Gregorio para ver si dábamos con el rastro. El arreo quedaba a cargo de Aguilera, con la orden de seguir adelante la noche siguiente, volviéramos o no.

Así se hizo. En cuanto aclaró, salimos a buscar el rastro de los jovencitos. Roberts insistió en acompañarnos, pero finalmente logré disuadirlo recordándole que convenía que el grupo fuera lo más reducido posible.

Gregorio encontró pronto las huellas de los dos caballos. Las seguimos bordeando el río y más adentro hasta un quebrachal, y llegamos a un claro en el que hallamos los restos de una fogata y numerosas huellas medio borradas. Entre ellas, inconfundibles, más pequeñas, las de los pies de los muchachos.

Gregorio examinó todo con sumo cuidado. Miró aquí, observó allá, y por fin nos reveló su lectura. En sus palabras:

–Aquí anduvieron Pedro y el Rafael, nomás. Además hubo cuatro hombres y una mujer... ¿Vide las huellas del tacón, acá? Se ve que han agarrao a los gurises y se los han llevao a la fuerza...

–Pero, ¿quién pudo haber hecho algo así? –exclamó don Francisco.

–En una d'ésas Rafael y Pedro vieron algo que no debían... –opinó Gregorio.

–O a alguien que no debían... –reflexioné–. Estas son huellas de botas finas.

–¿Usté cree, patrón?

–Sería mucha casualidad, pero si rumbearon para Salta, podrían ser ellos. Y en ese caso los chicos corren un peligro muy grave.

Por supuesto, tuve que explicarle mis sospechas a don Francisco, y revelarle el episodio de Arroyo del Medio con Alfonso Echeverría. En ese momento me arrepentí de mi exceso de discreción en Santa Fe. Sí, estuve casi seguro de que se trataba de Alfonso y Floreal. Lo que me intrigaba era la presencia de una mujer.

No había tiempo que perder. Gregorio dio con el rastro sin problemas: llevaba un marcado rumbo al Oeste, y al Oeste fuimos, tan rápido como lo permitió el resuello de nuestros caballos.

Al atardecer, después de algunas demoras en terrenos difíciles, llegamos a la orilla del río Dulce. Ahí encontramos los restos de un campamento y una profusión de huellas. Gregorio las leyó como si hubiera presenciado lo sucedido, y reconstruyó la escena. Las pisadas de la mujer y los chicos se interrumpían en un punto, al borde de la barranca que daba al río. Las de los hombres llegaban al mismo lugar y volvían hacia los caballos.

–Aquí se han tirao al río –interpretó Gregorio–. Se ve que han querido escapar. La mujer saltó con ellos.

Una rápida ojeada convenció a Gregorio de que los hombres habían iniciado una persecución, la habían abandonado poco después y habían seguido hacia el Norte con tres caballos sin jinete.

–No los volvieron a agarrar –sentenció–. El río se los ha llevao corriente abajo...

Don Francisco tuvo más coraje que yo para preguntar:

–¿Vos qué pensás, Gregorio?

–Vea, don Francisco, su gurí y Pedro nadan como surubises... Y el Dulce está crecido, pero no es muy hondo... Se me hace que se han dejao llevar y habrán tratao de ganar la orilla... Pero encontrar un rastro así no va a ser fácil.

Don Francisco y yo queríamos seguir adelante. Pero Gregorio nos convenció con mi propio argumento: iba a ganar mucho tiempo si seguía solo. Lo mejor, según él, era que volviéramos con el arreo. Supongo que no querría cargar con un padre y un tío ansiosos... Tuvimos que reconocer que era lo más sensato.

Gregorio, pues, se quedó con dos caballos de reserva; vadeó el Dulce, ya que la corriente con seguridad habría dejado a los chicos en la margen opuesta, y se alejó siguiendo al río.

Don Francisco y yo volvimos al arreo, con el corazón en un puño. Los alcanzamos al día siguiente, poco después del amanecer, a las puertas de Santiago del Estero.

Y aquí estoy, acompañado por James Roberts, en una pulpería de esta ciudad quieta de ranchos de adobe con horcones de quebracho. Escribo estas líneas con la esperanza de ver aparecer en cualquier momento a Gregorio con nuestro Pedro y el hijo de don Francisco.

151

Decile a la buena de Tomasa que Domingo está bien, aunque desolado por la desaparición de Pedro. Anda con el ánimo muy caído, como imaginarás.

Con fe en que mi próxima carta sea portadora de buenas noticias, dale un beso de mi parte a Amalia. A ti, todo el cariño de tu arrepentido y atribulado hermano,

RODRIGO

n tanto, nosotros seguíamos rumbo al Norte, en un curso paralelo al río Dulce, que sin que lo supiéramos nos alejaba de Gregorio. Ana decidió que no era conveniente pasar por Santiago del Estero: una joven y tres chicos viajando sin compañía podían llamar la atención de gente poco recomendable, y siempre existía la posibilidad de un encuentro fortuito con Alfonso y Floreal. De modo que seguimos una senda vecina al río pero separada del camino principal, el que comunicaba Tucumán con Córdoba. En tierras santiagueñas, ganamos mucho terreno: el suelo llano favorecía el avance, y la vegetación magra no entorpecía la marcha de nuestros caballos.

Pero entrando a Tucumán fue otro cantar. El monte comenzó a espesarse; y las tunas y los arbustos espinosos, difíciles de sortear, laceraban las patas de los pobres caballos.

Si no hubiera sido por Ili no podríamos haber seguido. Él sabía exactamente por dónde pasar. Y nos guió a una senda oculta, mucho más antigua que el camino real y ya invadida por vegetación rastrera pero más transitable que el monte. Eso sí, había que ir muy atento para no tragarse alguna rama de chañar, tipa o laurel. Lo digo por experiencia propia: pude diferenciar las tres especies de árboles bien de cerca, con una exactitud que envidiaría don Félix de Azara. Sobre todo una rama de tipa que Rafael apartó sin mucho cuidado y me desmontó de un cachetazo. Él se rió bastante. Ili y Ana también... Un laurel se encargó de vengarme más adelante; yo pude esquivarlos a los dos, la rama y él. Esa vez el único sin sentido del humor fue mi amigo.

Algo así no le habría pasado a Ili. Iba atento a cada detalle del camino. Se podría decir que sentía el monte. Interpretaba todas sus señales: si el canto de algún pájaro o un movimiento en la espesura podían significar que un peligro acechaba o había dejado de ser una preocupación, él lo sabía. Se ganó nuestra admiración y nuestro cariño. Era el compañero de viaje ideal: muchas sonrisas y pocas palabras.

Las palabras se las dejábamos a Ana. A esa altura, en cada campamento se quejaba con justa razón de los mosquitos que solían cebarse con nosotros. Pero también nos hacía gozar con un repertorio de cuentos que incluía *Las mil y una noches*, antiguas leyendas españolas y mitos guaraníes que había aprendido de una nodriza india.

Los tres seguíamos sus relatos extasiados, aunque el monte no era el lugar más apropiado para una narración coherente. La pobre sufría interrupciones bastante poco agradables. Por ejemplo, una noche nos contaba la historia del príncipe y la princesa que se parecían como dos gotas de agua:

—Y en ese preciso instante, los genios desaparecieron y la princesa despertó. Y lo primero que dijo fue... ¡Aayyy! ¿Qué es ese bicho espantoso?

Había apoyado una mano cerca de una iguana.

Rafael, de puro comedido, se abalanzó sobre el reptil, que trató de huir, y logró aferrarle la cola. La iguana se volvió como para morder, y el héroe la soltó de inmediato. El lagarto se perdió en la selva, seguramente ofendido por el tratamiento. A Ili y a mí todo nos hizo mucha gracia.

El indiecito, en plena risa, se interrumpió de golpe. Se puso tan serio que los tres nos olvidamos de iguana y cuento.

-¿Qué pasa, Ili? -preguntó Rafael en voz baja, impresionado.

-Escuchen... -nos dijo.

-Yo no oigo nada... -declaré.

-Eso es -dijo él-. Se han callado los coyuyos.

Al punto, como esperando una señal, los coyuyos reanudaron su interrumpida serenata.

-Habrán visto a la iguana -opinó Ana, solidaria con los insectos.

-No, eso no es -insistió Ili-. Algo más hay en el monte. Algo malo... Habrá que hacer guardia, esta noche.

Lo dijo de un modo que no podía tomarse a la ligera. Asentimos, claro.

-¿Qué tal si vamos a explorar el monte? -propuso Rafael, con cierta inconciencia.

-¡Ni lo sueñes! -protestó Ana- Sólo Dios sabe con qué se podrían encontrar en la oscuridad. Se quedan acá los tres.

Yo no necesité que me convenciera y creo que Ili tampoco. Pero Rafael se quedó un rato mirando la espesura, como queriendo encontrar una aventura nueva.

Que estaba ahí.

Cuando me tocó hacer guardia reconozco que no las tenía todas conmigo. Había relevado a Rafael, que se quedó dormido inmediatamente con el mismo sueño profundo de Ili y Ana.

Era una linda noche. Bajo el árbol en el que me apoyé revoloteaban luciérnagas y sobre la raíz un tuco caminaba tambaleante, con esos puntos verde brillante en el tórax, que parecen ojos en la oscuridad. Me olvidé de mis temores.

Un bramido sordo me los recordó todos juntos. Esperé, tenso. Miré alrededor en busca de algún movimiento dentro del monte.

Nada. Ni una hoja se movía. El sonido no se repitió. Llegué a la conclusión de que me lo había imaginado, y me aflojé.

Me despertaron un rayo de sol y una sacudida.

Abrí los ojos sobresaltado para encontrarme con la risa de Rafael.

–Menos mal que soy yo, y no un tigre –sonrió–. Lindo guardia habías sido...

Iba a contestarle, pero Ana se me adelantó:

–Bueno, no pasó nada. Vengan a desayunar, el mate ya está listo. Cuanto antes salgamos de este monte, mejor. ¿Cuánto nos queda hasta Tucumán, Ili?

–Ha de ser un día y medio, a lo más. Creo yo... –respondió el indiecito.

–Apúrense, entonces.

Desayunamos mate y galletas. Terminé de despertarme.

Tuvimos otra jornada de marcha lenta y trabajosa, sin mucha novedad. Hasta el mediodía, cuando paramos a comer.

Ana, cuya capacidad para el trabajo no tenía límite, como siempre tomó a su cargo calentar un poco de agua para hervir unos choclos. Y se ocupó en sazonar el charqui, que sabía horrible pero al fin alimentaba, sentada en un tronco caído.

En eso me di cuenta de que Ili miraba con insistencia a los pies de Ana. Les recuerdo que ella iba descalza, como nosotros. Miré también...

Entre el tronco y sus talones se deslizaba, silenciosa y oscura, una enorme víbora de la cruz, más ancha que mi brazo.

Estuve a punto de gritar: Ili me previno con una mirada y un gesto.

Rafael volvía del monte con un poco de leña. Más baqueano que yo, enseguida captó algo extraño en la desusada quietud y nuestra expectativa. Ana seguía sin apartar los ojos de su tarea.

Un golpe de vista le reveló a Rafael la presencia de la serpiente, que seguía reptando a menos de una pulgada de los pies de Ana y que iba directamente hacia donde él se había detenido. Un movimiento brusco y la víbora picaría a cualquiera de los dos.

Rafael se quedó inmóvil, los pies clavados al suelo, sosteniendo las ramas que traía contra el pecho.

Ili y yo esperamos casi sin respirar. Ana canturreaba en voz baja, ajena a todo. Por las mejillas de Rafael rodaron gotas de transpiración.

Por fin la víbora dejó atrás a Ana. Pero su camino la llevaba inevitablemente a los pies desnudos de Rafael.

Él no movió un músculo. El reptil siguió, sacando la lengua bífida. Ya a un codo de nuestro amigo. Rafael esperó un segundo más.

La víbora se detuvo, como dudando.

Todo pasó a un tiempo.

Rafael dejó caer la leña sobre la serpiente y con el mismo movimiento saltó en dirección opuesta, como un gato.

La víbora tiró el tarascón instintivo. Los letales colmillos casi rozaron la pierna de mi amigo; en cambio encontraron una ramita.

Recién entonces Ana reaccionó y pegó un alarido. Pero ya los cuatro estábamos fuera del alcance de la serpiente.

Nos reunimos del otro lado del fuego. Rafael manoteó un rebenque, pero Ili lo detuvo con un gesto:

–Mejor dejala, Rafael.

A todo esto la víbora sorteó la leña como pudo y, tan asustada como nosotros, se metió en el monte.

–¿Por qué no me dejaste matarla, Ili? –preguntó Rafael.

—Muy grandota era –replicó el indiecito–. Son duras pa morir, esas víboras. Te podría haber picado. Y además, ¿para qué matar al bicho, si al final nada nos hizo?

Ana sonrió.

—Ili tiene razón, chicos. Ahora comamos un poco. Ah, y gracias por salvarme.

—Si no hicimos nada... –dije extrañado.

—Por eso me salvaron –contestó ella.

Y comprendí lo que Ili y Rafael ya sabían. Al menor grito nuestro, Ana se habría movido y la serpiente la habría mordido.

La miré. Ella supo que yo ahora sabía, y me acarició el pelo como para borrar la imagen que se reflejó en mis ojos. Terminé abrazándola, y a Rafael. Y luego los tres a Ili, que no compartía tanta efusividad pero no la rechazó tampoco.

Capítulo XXI

Caía el sol, y seguíamos en el monte cerrado por una picada muy estrecha. Ili nos había anticipado que encontraríamos un claro para acampar poco más adelante, y no veíamos el momento de llegar.

–¿Falta mucho, Ili? –preguntó por fin Ana.

–No, ahicito nomás está, pasando el algarrobal –de pronto el rostro del joven quechua se oscureció.

Como de costumbre había visto u oído algo antes que nosotros.

–¿Qué pasa, Ili? –pregunté.

–En el paradero hay alguien... –dijo él.

Entonces lo oímos.

Un sonido uniforme, monocorde, una letanía quejumbrosa de vocales alargadas. Al principio creí que se trataba de la voz de algún ave, pero como se prolongara reconocí que provenía de una garganta humana. De pronto el cántico, o lo que fuera, cesó.

Los cuatro nos miramos desconcertados, incluso Ili.

–¿Qué era eso? –alcanzó a decir Rafael.

Ili lo miró con la expresión en blanco. Él tampoco había oído algo así en su vida.

–¡Vamos a ver! –propuse.

Los tres desmontamos. Ana, en realidad más preocupada por nosotros que por ella misma, empezó a decir:

–Chicos, yo creo que no...

Pero nosotros ya maneábamos los caballos. Ella miró al cielo por entre el follaje, y declaró resignada:

–Es inútil. En fin, es mejor averiguar de qué se trata.

Y nos siguió entre la maleza.

Rafael y yo abrimos la marcha, tratando de no hacer ruido. A la vista del claro nos mantuvimos ocultos detrás de un matorral. Ili y Ana se ubicaron junto a nosotros.

Miramos alrededor. Rafael lo vio primero. Me tocó el hombro y señaló, y los tres seguimos su dedo.

En un extremo del claro, en cuclillas, medio oculto por el follaje oscuro que lo rodeaba, había un muchacho.

Se trataba de un indio, aunque a primera vista podría haber sido cualquier cosa, ya que tenía el torso entero pintado de color negro. En la cara llevaba unas marcas, negras también. Algo blanco le colgaba del cuello, destacándose claramente sobre la piel cubierta por ese tinte renegrido.

Rígido como un poste, parecía encerrado en un profundo trance. Miraba hacia algún punto que debía estar dentro de él.

Creo que si en ese momento hubiéramos entrado al claro, no habría reaccionado.

–Ese chico no es quechua –observó Ana en voz baja–. ¿Verdad, Ili?

–Nunca antes vi a nadie como ése, señorita –respondió él.

–Es un guaycurú –dijo Rafael con seguridad, siempre en un susurro–. De la tribu de los abipones, creo. Desde los catorce años se pintan el cuerpo de negro y a los dieciséis tienen que ir a vivir solos en el monte por un tiempo.

–¿Cómo sabés? –pregunté.

–Una vez mi padre me llevó con él en una visita a los toldos de un cacique. Vi chicos con el cuerpo pintado, y me explicó todo eso.

–¿Pero qué puede estar haciendo un muchacho abipón aquí, en el Tucumán, tan lejos de su tierra? –se preguntó Ana.

Rafael se encogió de hombros.

Yo no entendía mucho de tribus ni de ceremonias, pero la actitud reconcentrada del joven me fascinaba: no podía quitarle los ojos de encima. Cuando lo hice, más de casualidad que otra cosa, ya que ni siquiera Ili lo advirtió, mis ojos tropezaron con algo que me dejó helado.

Sobre una rama gruesa, justo detrás del chico, un yaguareté se preparaba para saltar.

Sin pensarlo, sin perder un segundo, me encontré de golpe en el claro gritando:

–¡Cuidado! ¡Un tigre!

Lo que pasó inmediatamente fue demasiado rápido como para recordarlo con claridad: creo que primero sentí que alguien me agarraba del brazo como para apartarme, y un violento tirón que aguanté a pie firme.

Al mismo tiempo, delante de mí, a unos cuantos pasos, el tigre saltaba sobre el muchacho, que en el último instante reaccionó a mi grito y se hizo a un lado.

El jaguar chocó pesadamente contra el suelo, se levantó y sacudió la cabeza como para reanimarse.

El joven indio, alerta y de pie ahora, lo encaró, las manos vacías.

Yo sentí que una mano me apretaba un hombro con fuerza y un brazo me rodeaba el otro hombro, y vi a Rafael a mi lado y a Ana del otro, con Ili pegado a ella, que lo retenía junto a sí con el otro brazo como para protegerlo.

Los tres habían tratado de devolverme al abrigo del monte; ya ni ellos ni yo podíamos movernos, paralizados por el espectáculo salvaje que enfrentábamos.

El tigre, despabilado, caminó unos pasos cautelosos frente al muchacho, que se llevó la mano a la cintura de la que pendía un puñal.

La fiera se agazapó; y antes de que el joven o nosotros pudiéramos reaccionar, se arrojó sobre él con un salto prodigioso.

Pero no lo alcanzó.

Porque en ese mismo instante, desde el monte, otro animal interceptó el salto.

Nos tomó unos segundos reconocer la masa de furia, garras y colmillos que ahora rodaba por el claro entreverada con el tigre.

Era un puma. Sólo estuvimos seguros cuando los dos grandes felinos se separaron, gruñéndose amenazas.

Ana, que ya había tenido bastante, prácticamente nos arrastró al matorral de donde habíamos salido.

En el claro, los dos enormes felinos volvieron a acometerse, intercambiando feroces zarpazos que ambos lograron eludir. El chico indio seguía allí, inmóvil, mirando el combate.

Otra vez león y tigre se hicieron un ovillo de bramidos, dentelladas y zarpazos. Esta vez se hizo evidente que el jaguar llevaba las de perder. Aunque no tan fuerte como su adversario, el puma era tan grande como él y mucho más veloz.

Cuando se apartaron de nuevo, comprobamos que el jaguar sangraba de una profunda herida en el lomo.

El puma ocupó el centro del terreno, desafiante. El jaguar seguía dispuesto a presentar pelea, pero jadeante y mucho menos entero.

El puma volvió a atacar. Esta vez el tigre sólo intentó defenderse. Cuando el león lo embistió, no tuvo más remedio que recular primero y por fin escapar a la selva, humillado.

El puma quedó solo en el campo de batalla, mirando orgullosamente hacia donde había huido el tigre. Recién entonces pudimos verlo con claridad. Era un ejemplar muy grande, tal vez el mayor que vi en mi vida. Más parecía un animal serrano que del monte. Los leones

de la sierra, según Aguilera, que había visto muchos, son bastante más corpulentos que los que habitan en la selva.

Victorioso, el puma se volvió hacia el joven guaycurú. Los dos se quedaron inmóviles, frente a frente. Horrorizados, esperamos el desenlace inevitable, temiendo convertirnos en el postre.

Entonces sucedió algo extraordinario.

En lugar de atacar, el puma se acercó al muchacho. El indio se inclinó ante la fiera. El puma, a su vez, estiró el cuerpo como un gato casero, lo miró y, saltando sobre él, se metió de nuevo en el monte.

Casi sin darnos cuenta, los cuatro salimos al descubierto, incrédulos. Oímos que el muchacho nos llamaba. O, más precisamente, *me* llamaba. Con señas y voces.

—¿Qué dice?

—No lo sé –dijo Ili–. No hablo esa lengua.

Miré a Rafael.

—Quiere que te le acerques. Eso me parece, por lo menos.

Sin dar tiempo a la negativa de Ana, me adelanté unos pasos. Ella y los chicos esperaron, tensos. El joven los miró y le hizo otra seña a Ili.

Ili se paró a mi lado y el adolescente le habló. Esta vez, en quechua. Intercambiaron unas palabras.

—Dijo que él es Paiquín, hijo del gran cacique Alaiquín.

—¿Alaiquín? ¿No fue el que nos anduvo rondando? –le pregunté a Rafael.

—Ajá... –contestó mi amigo.

El chico volvió a hablar. Ili tradujo:

—Quiere saber quién sos.

—Decile que soy Pedro, sobrino del gran cacique Rodrigo de la Cruz.

Ana estuvo a punto de reírse, pero se limitó a mirarme con ojos irónicos. Ili tradujo.

—Preguntale qué hace tan lejos del Chaco —intervino Ana.

Siempre a través de Ili, nos respondió que había emprendido un viaje lejos de su tribu, más allá de los grandes bosques, para probar su coraje y su hombría. Había estado orando, pidiendo valor a su hermano el león (parece que su familia creía descender de los pumas, o algo así). Y el león había respondido enviando a su otro hermanito (que venía a ser yo, por lo visto), y luego había llegado a rescatarlo.

Me llamó otra vez "hermano del puma"; y así diciendo se acercó a mí hasta que quedamos frente a frente. Entonces se quitó el colgante que llevaba al cuello. Era un colmillo de puma o jaguar, que seguramente había pertenecido a un bicho descomunal.

Sin prisa, anunciando el movimiento seguramente para no sorprenderme, pasó el cordón de cuero que sostenía el colmillo por sobre mi cabeza y lo depositó sobre mis hombros.

Volvió a decir algo en quechua, que nuevamente Ili interpretó:

—Dice que si alguna vez vas a las tierras de los abipones, y presentas ese colmillo, todos sabrán que eres el hermano del puma y el hermano de Paiquín.

Paiquín me sonrió. Yo le sonreí a mi vez. Me hizo un gesto con la mano abierta, como despidiéndose. Yo respondí, y sin decir nada más él se dio vuelta y se fue. Hacia el Este.

Del otro lado el sol ya se ponía, despedido por cientos de pájaros.

Rafael me abrazó. Ili y Ana me tocaron cada hombro, como si los cuatro fuéramos uno.

Pasó un tiempo largo antes de que alguno pudiera hablar. Fue Ana, claro.

—Chicos, éste es un lugar maravilloso para acampar.

Capítulo XXII

La emoción nos duró bastante. Seguía con nosotros después de comer y echarnos junto a un fuego de ramas verdes que pretendía ahuyentar a los mosquitos con el humo.

Todavía nos esperaba un último susto. No habíamos terminado de cerrar los ojos cuando Ili se irguió, atento.

Lo interrogamos con los ojos.

–Vienen caballos –anunció– Tres o cuatro. Derechito acá.

Ya no cabía esconderse. Quienquiera fuese, habría visto el fuego.

Esperamos, tensos.

Y el monte se abrió para dejar paso a un jinete.

Que Ana, Rafael y yo reconocimos al instante.

–¡¡¡Gregorio!!!

Sí. El gaucho había dado con nuestro rastro, y tras un breve paso por la misión no había parado más que lo necesario para no reventar los caballos.

Con montas para todos y la compañía de Gregorio ya no había por qué ocultarse. Así que volvimos al camino real, donde la huella evidente de mulas, caballos, vacas y carretas nos decía que estábamos cerca de un feliz reencuentro.

No tardó demasiado. Esa misma tarde avistamos el campamento, en las afueras de Tucumán.

No bien tuvimos el arreo a la vista Rafael se desprendió en un galope impetuoso; lo seguí y llegué al fogón a tiempo para verlo ya pie en tierra y abrazado con don Francisco.

Luego me tocó a mí. Domingo fue el primero en abrazarme, como quien recibiera a un resucitado; Rodrigo aún me estrechaba cuando vio al resto de la comitiva. Y se quedó de una pieza. Don Francisco también, pero menos. Cambió miradas divertidas con Gregorio y Rafael.

Ana, que obviamente disfrutaba el efecto producido por su aparición, desmontó y vino directamente hacia mi tío.

—Rodrigo, es la primera vez que te veo con la boca abierta y sin palabras.

Él se recompuso enseguida.

—Digamos que la sorpresa lo justifica. Ahora —agregó él, tomándole la mano—, me gustaría saber cómo es que has venido a dar aquí.

—Y en estas fachas —añadió don Francisco.

Ella se miró el vestido arruinado y los pies descalzos.

—Es largo de contar...

—Tenemos mucho tiempo para oírte... Después de que descanses, desde luego. Y de que lo hagan los chicos —dijo Rodrigo.

—Ili también, ¿verdad? —propuso Rafael—. Él nos guió hasta que nos encontró Gregorio.

—Sí, claro —don Francisco llamó al indiecito con un gesto y le indicó que se uniera a nosotros. Él obedeció, tímidamente.

Don Francisco se dirigió a Aguilera primero y a Ana después.

–Prepárenles catres a todos. Y en cuanto a usted, jovencita, espero por su bien que me guste lo que tenga que contarnos, o se llevará unos chirlos en la cola como cuando era una gurisa.

–No se preocupe, tío –sonrió ella.

Rodrigo todavía no acababa de reaccionar cuando fuimos a descansar un rato. Aún no sabía si lamentar o celebrar la presencia de Ana. Tendría causa para ambas cosas en los días por venir, que fueron bastante movidos. Pero esta vez prefiero tomarme un descanso en el relato y utilizar una de las cartas que le escribió a tía Eugenia, exceptuando los párrafos redundantes. Creo que explicará mejor todo lo que pasó en San Miguel de Tucumán, y de paso me permitirá descansar un poco de esta engorrosa tarea de referir nuestro viaje. Si hubiera sabido que escribir un libro se hacía tan complicado, no lo habría intentado. En fin, por ahora dejaré que cuente mi tío, que es más ducho en estas lides.

San Miguel de Tucumán, 15 de febrero de 1803

Querida Eugenia:

Es con gran regocijo que tomo la pluma para darte una excelente noticia: nuestro Pedro reapareció, sano y salvo, y en buen estado de salud. Un poco más delgado tal vez, pero el mismo diablillo de siempre. También recuperamos a Rafael, el hijo de Candioti, en idéntica condición. Y con una sorpresa por añadidura: la mujer que compartió su odisea resultó ser Ana María Aldao. Tanta fortuna se la debemos a Gregorio, que dio con su rastro después de ardua búsqueda. Hoy podemos reconstruir la aventura de Pedro con la alegría de saberla terminada.

(Aquí sigue un relato más o menos pormenorizado de los incidentes que ya referí. En la prosa de mi tío se dirían episodios de un cantar de gesta. Sigo donde retoma la crónica de nuestra estada en Tucumán.)

Y bien, "all's well that ends well", como dijo nuestro amigo Roberts, citando al cisne de Stratford-on-Avon. Ya estamos en condiciones de continuar nuestro viaje, con la compañía adicional de Ana. Don Francisco se vio obligado a reconocer que llevarla con nosotros a Salta es más práctico que enviarla de regreso a Santa Fe, ya que no puede prescindir de hombres para destinarlos a una empresa cuya seguridad es de todos modos harto dudosa.

No voy a negarte mis simpatías hacia la señorita Aldao, tú las conoces, aunque debo admitir que tiene el arte de volverse un verdadero incordio en ocasiones.

En fin, como sabrás don Francisco tiene amigos en San Miguel, la familia Laguna, y en su casa nos alojamos Ana, Roberts y yo. En tanto, don Francisco permanecía acampado con su personal en las afueras, donde el ganado tendría pastos tiernos y agua en abundancia. Pedro se quedó con ellos, dispuesto a seguir compartiendo esta nueva vida cerril con el muchacho de Candioti, el incorregible Domingo y el jovencito indígena que tan buen servicio le prestara.

Te confieso que la perspectiva de unos días de ocio en la tranquila siesta provinciana se me presentaban como apetecibles. San Miguel es una villa próspera, muy calurosa y húmeda en esta época del año, pero rica en vegetación y sosiego.

Sin embargo, no tuve demasiada ocasión de descansar. Como recordarás, Antonio Bazán, sobrino de nuestra anfitriona y socio comercial de don Francisco, es un antiguo condiscípulo de Charcas y colega en la digna profesión de las leyes. Pues bien, Antonio tenía entre manos un caso que en ese momento conmovía a la *ciudad, recién repuesta de una serie de conflictos entre el cura párroco y el cabildo.*

Se trataba de una acusación de brujería en la persona de una india de nombre Pascuala, cuya presunta víctima era don Álvaro de Rivera, un caballero vizcaíno de nota en el lugar, terrateniente y encomendero por más datos. El asunto despertó mi inmediato interés. Parece que el hombre acusaba a esta mujer de haberle echado el mal de ojo, a consecuencia del cual venía sufriendo de atroces padecimientos en el aparato digestivo cuya exacta naturaleza me abstengo de precisar, para no ofender tu fina sensibilidad.

Según Antonio todo no era más que mera superchería, y la verdad de la cuestión residía en que la india, agraciada por demás, habría negado sus favores al caballero de marras. Pero tratándose de una india jurí, sin recursos ni fortuna, y sometida a otro encomendero vecino del de Vizcaya, éste llevaba las de ganar ante el cabildo. Las únicas pruebas en contra de la tal Pascuala eran un sapo muerto hallado bajo su cama y unas hojas de ruda macho que había en su cuarto, elementos que habría utilizado, según la acusación, para practicar sus malas artes. La infeliz había sido sometida al potro de tortura para arrancarle una confesión que no se produjo.

El tema me impresionó a tal punto que decidí, a pedido de Antonio, que invocó mi facilidad para la retórica, colaborar en la defensa de la acusada; la etapa decisiva del juicio se ventilaría esa misma semana. Ana María y Roberts alentaron mi resolución.

Tuvimos un encuentro con la mujer. Por cierto, a pesar de la triste condición a la que habíanla reducido la tortura y la prisión, era dueña de una misteriosa belleza que explicaba el interés de su acusador. Se mostró escéptica con respecto a la intervención de "un notable legista de Buenos Aires", como me presentaron con obvia exageración. Pero nos dio algunos datos que orientaron la búsqueda final de las pruebas de su inocencia.

La investigación no fue demasiado complicada: una visita al lugar, unas preguntas aquí y otras allá, nos permitieron reconstruir lo sucedido con cierta fidelidad. Resultó que un servidor de Antonio poseía información vital acerca de los actores del melodrama, y nos acercó al testigo clave.

El día de la audiencia el alcalde de primer voto aceptó mis credenciales, válidas en todo el virreynato a pesar de la oposición de los letrados de Rivera. Debo decirte que la presencia de don Francisco, que vino en cuanto se enteró del brete en que me había metido, pesó bastante en la decisión del magistrado.

Y bien, desfilaron un par de testigos, ambos servidores del señor Rivera; el primero declaró haber visto a la acusada pronunciando conjuros y encantamientos sobre un brebaje, y reiteró el hallazgo del sapo y la ruda macho en la pieza de Pascuala. El segundo juró que la vio echar una mirada aviesa a su presunta víctima.

Prescindí de interrogarlos, lo cual extrañó mucho al alcalde, y entonces llamé a nuestra propia testigo, la Lechiguana, una bruja negra conocida como la curandera más celebrada de todo el Tucumán. La mujer, entrada en años pero de una lucidez incontestable, refirió que el primer testigo, un mulato llamado Melitón, había robado de su choza (que oficiaba de consultorio) un sapo disecado y una planta de ruda macho. Cuando se los careó, bastó una mirada de la bruja para que Melitón confesara su delito, y otra para que admitiera haberlos introducido en el cuarto de Pascuala por orden de don Álvaro, a quien por lo visto temía menos que a la hechicera.

En cuanto al mal de ojo, fueron suficientes las declaraciones de nuestro segundo testigo, don Nemesio González, médico de profesión y vecino de Rivera, quien declaró que no había persona en Tucumán que viera con buenos ojos al acusador y que sus dificultades gástricas no habían tenido otro origen que una desmedida afición al chorizo colorado y el aguardiente barato, que habían hecho mella en su hígado e intestinos desde tiempo atrás. El galeno también se expidió contra la superstición y respaldó el alegato de Antonio en contra de los bárbaros medios utilizados para promover la confesión de la verdadera víctima.

El alcalde sopesó la evidencia, se retiró a deliberar y finalmente emitió su veredicto, absolviendo a la acusada de culpa y cargo y condenando a su acusador a pagar las costas y una indemnización que permitirá a Pascuala comprar su manumisión.

La victoria fue celebrada por todo el pueblo de San Miguel, lo que confirmó la escasa popularidad del señor Rivera por estos lares.

La única consecuencia negativa fue una nueva discusión gratuita con Ana María, quien se permitió sugerir que mi interés en la defendida excedía lo meramente profesional. Como le imputara celos ridículos e infundados, terminó protestando que estar celosa supondría una atracción hacia mí que según ella era inexistente. Le hice ver que si así fuera no habría razón para quejarse de que echara una mirada a otra mujer, lo cual por cierto no es más que humano y no significa más que eso. Cuando no pudo oponer otro argumento a tan lógica proposición, terminó por tratarme de cuervo y leguleyo y salió de la habitación con un portazo y dejándome una vez más con un palmo de narices.

Todo lo cual te probará que la pobre sigue presionando al suscrito para provocar una manifestación concreta. Desde luego, no se te escapará que estoy más que dispuesto a hacerlo, pero aún no le voy a dar el gusto a menos que haga algo drástico, como coquetear con un tercero.

Como sea, esta mañana durante el desayuno ha vuelto a hablarme como si no hubiera existido discusión alguna. En lo que a mí respecta es así nomás, ya que una desavenencia tan banal no puede tomarse en serio.

En fin, mi querida hermana, ya veremos a qué conduce todo esto. Todo sería más fácil si estas cosas del querer fueran más directas, pero entonces no serían tan divertidas.

A punto de partir para Salta, te envío pues el cariño de tu felizmente recuperado sobrino, que harás extensivo a Amalia sin olvidar a nuestra buena Tomasa, de parte de Dominguito.

Y de la mía a ambas, el beso acostumbrado y los mejores deseos de vuestro hermano

RODRIGO

Y seguimos hacia el Norte, rumbo a Salta. Días de sol y cielos despejados, por un camino ancho que bordeaba un terreno distinto de arbustos espinosos y altas sierras al fondo.

Íbamos subiendo: el camino se hizo más pedregoso y las sierras más cercanas. A nuestra izquierda quedaron atrás las del Tafí. Las reemplazaron las quebradas de Escolpe y el río Las Conchas, y cuatro días más tarde entrábamos a Cafayate. El pueblo, una aldea que creció de una reducción, nos recibió con algarabía. Es que la llegada de don Francisco significaba una buena paga por el uso de los valles, durante una semana en la que las mulas recuperarían el peso perdido en la larga marcha.

Don Francisco arregló todo con un señor Figueroa, el dueño de las tierras, y la gente tuvo un par de días de licencia. No había mucho que hacer en Cafayate: los gauchos desquitaron algunas ginebras en la pulpería; y los chicos acompañamos a Rodrigo, Ana y Roberts en sus cabalgatas por los valles. Domingo incluido, ya le había tomado el gusto a jinetear.

Y jineteamos por los valles calchaquíes, campos verdes encajonados entre cerros de una belleza agreste, dura, que quitaba el aliento.

Pasamos una noche acampando en la sierra. Por la tarde Roberts nos enseñó a Rafael y a mí a manejar su rifle, una maravilla. No creo que hubiera otra arma de esa precisión en el río de la Plata, por entonces.

A la luz de la luna, Ana y Rodrigo hablaron mucho y creo que hubo alguno que otro beso, pero no puedo asegurarlo porque por una vez preferí ser discreto y quedarme jugando a la pallana con los demás chicos o escuchando a míster Roberts. Nos contó la historia de un marinero escocés que se había quedado solo en una isla desierta y sus aventuras con un loro y un indio llamado Viernes, con el que Domingo se identificó mucho. Más tarde hicimos planes de escaparnos a la isla Martín García y vivir como ellos cuando volviéramos a Buenos Aires, pero eventualmente la idea quedó en la nada.

Cuando volvimos al campamento nos encontramos con una mala noticia: la noche anterior varias mulas habían sido muertas. Las huellas y el resultado (les habían bebido la sangre y comido bastante poca carne) eran inconfundibles: se trataba de un puma. Don Francisco propuso una batida, pero Roberts se ofreció a cobrarlo con el método que usan para cazar tigres en la India: poniendo un cebo vivo en el posible camino de la fiera.

Esa noche tendríamos luna, y habría buena visibilidad. Figueroa cedió un cabrito: lo ataron a un palenque entre la sierra y el potrero, cerca de unas rocas ideales como parapeto.

No me parecía muy justo ni para el cabrito ni para el puma, pero no había más remedio que cazar al león. Podía seguir diezmando el arreo o, peor aún, provocar otra estampida.

Cuando cayó la noche, Roberts y su rifle se acomodaron tras las rocas. Ili no quiso participar, pero Rafael, Domingo y yo lo acompañamos a condición de no hacer el menor ruido. Gregorio se nos agregó: quería ver si el sistema del inglés daba resultado.

Llegó la medianoche sin novedad. Los chicos ya cabeceábamos, aburridos, cuando unos balidos lastimeros nos despabilaron.

Y sí, ahí estaba el león, deslizándose silencioso sobre una roca que daba directamente sobre el pobre chivito.

Roberts se concentró, apuntó...y el puma saltó. El disparo lo alcanzó en el aire. Fue más que certero. El león ya estaba muerto cuando cayó junto al aterrado cabrito.

Cuando nos acercamos, descubrimos que se trataba de una hembra. Sin mucha lógica, yo había temido que fuera el mismo que había salvado a Paiquín, y tal vez a nosotros, del jaguar.

Por la mañana, ahora con Ili y unos chicos del lugar, recorrimos la sierra buscando la madriguera del animal. Por fin unos maullidos de hambre nos guiaron: Domingo fue quien los localizó, dos cachorritos flacos y ariscos, pero tan hambrientos que se dejaron llevar hasta un rancho. Una perra que había perdido parte de su última camada los adoptó y allí se quedaron. Rafael tenía ganas de llevarse uno pero don Francisco lo hizo desistir. No vale la pena criar un león, dijo: tarde o temprano se vuelve salvaje, y hay que matarlo o dejarlo suelto. La gente de la sierra los domesticaba a veces, pero al fin los pumas eran del pago.

Después de una semana reanudamos la marcha, con las mulas bien alimentadas, fuertes y listas para el mercado. De ahí en adelante viajamos de día, ya que el terreno escarpado se prestaba a accidentes en la oscuridad.

Seguimos el curso del río Guachipas. El segundo día pasamos por la villa de ese nombre y dos días después acampamos junto al río Las Piedras.

Otra vez acompañamos a Rodrigo, Ana María y Roberts en su paseo habitual. En esa oportunidad llegamos a un sitio en el que se alzaban unas ruinas, restos de construcciones. Al principio creí que sería alguna población incaica, pero no: los escasos cimientos denunciaban arquitectura española.

Roberts tenía tanta curiosidad como Rafael, Domingo o yo.

–Supo haber una ciudad aquí, hace muchos años –confirmó Ili–. Se llamaba Talavera de Esteco.

–¡Esteco! –recordó Rodrigo– Sí, he leído acerca de este lugar. En su tiempo fue una ciudad muy próspera, competidora de Salta y Tucumán. Pero en el año 1692 un terremoto la destruyó por completo. Muchos creen que fue un castigo divino.

–¿Por qué? –preguntó Ana, interesada.

–Según dicen, fue algo así como la Sodoma y Gomorra del Tucumán, refugio de ladrones, libertinos y malvivientes. Hubo un gran despilfarro de oro y plata, codicia, traiciones y vicios...

–Personalmente no creo en otra cosa que una acción casual de la naturaleza –opinó Roberts.

–Pero es más romántico imaginar un castigo para la ciudad pecadora... –observó Ana.

–Como fuera, esto es lo que quedó de Esteco –señaló Rodrigo.

No era mucho. En pocos años más el viento y las tormentas se tragarían en tierra los pocos restos que quedaban.

–¿No habrá algún tesoro enterrado? –se me ocurrió.

–Quizás. Pero yo no lo buscaría. Seguramente habrá fantasmas guardándolo –dijo Rodrigo con voz de ultratumba.

–Yo puedo proponerles una búsqueda mejor –dejó caer Ana, enigmática.

–¿De qué hablás? –preguntó Rodrigo, súbitamente intrigado.

—Se los haré saber cuando lleguemos a Salta —replicó ella.

Rodrigo insistió, pero Ana también: quería mantener el suspenso de su revelación hasta que llegáramos a la capital de la intendencia, y se mantuvo en sus trece.

Esa noche don Francisco aumentó aún más el hambre de misterio que traíamos. Fue una noche serena, ideal para cuentos de fogón, y Candioti tenía uno preparado sobre el mítico pasado de Esteco. Cuando lo contó, el único sonido que acompañó a su voz fue el crepitar del fuego.

—Es una historia de amor, muerte y aparecidos. Sucedió aquí mismo, en este preciso lugar donde la estoy contando... La cosa empezó a fines del siglo dieciséis, cuando la ciudad de Esteco era rica y poderosa. Allí vivía don Hernán de Zambrano, un hidalgo cuya familia había venido de España con Lerma, el fundador de Salta. Parece que este Hernán era un buen espadachín, aventurero y deseoso de hacerse un nombre. Entró en la milicia y pronto hizo méritos que le valieron un ascenso a capitán a una edad muy temprana: aún no tenía veinticinco años. En esos días los lules estaban en pie de guerra y amenazaban con atacar la ciudad. El teniente del gobernador era un hombre duro y violento, y envió a Hernán al frente de una expedición punitiva contra la tribu. Y allí fue el hidalgo con cien soldados armados con picas, espadas y arcabuces, a enfrentar las flechas y las lanzas de los bravos lules. Pero la sangre no llegó al río, en este caso el río Pasaje, porque quiso la Providencia que pasara por allí el bueno de San Francisco Solano, que con su violín pudo lo que no habían logrado amenazas ni espadas. El cacique aceptó volver a los montes del Tucumán y don Hernán hubo de trocar la batalla, en la que creía encontrar la gloria, por un tratado que selló la paz entre los indios y los españoles. El destino le reservaba otra sorpresa al aguerrido Hernán: cuando se presentó a celebrar las paces con el cacique, descubrió que Suni, la hija del jefe, era la doncella más hermosa que había visto, una belleza que haría palidecer la de las damas más agraciadas de la corte de Madrid. Nuestro Hernán no era feo tampoco. Se trató de amor a primera vista para los dos. Esa misma noche se las apañaron para verse a solas en el monte y se juraron amor eterno. Pero su destino era el de Tristán e Isolda, Romeo y Julieta, don Juan y doña Inés. El teniente del gobernador tenía otros planes para Hernán: casarlo con su sobrina y así agregar el título del joven hidalgo, que dicho sea de paso heredaría un condado en Castilla, agregar su título decía, a los blasones de su familia. Y el jefe de los lules, por más paz que hubiera, no estaba dispuesto a permitir que su hija se desposara con un soldado español. También tenía su candidato, el mejor guerrero de la tribu.

Así las cosas, Hernán decidió que el amor de Suni era más importante para él que cualquier otra cosa, y salió de Esteco en secreto rumbo al campamento de los lules. De noche, se las ingenió para entrar sin ser visto en la tienda de la joven, que esperaba sola su unión obligada con el guerrero. Ella lo recibió encantada, y después de una sesión de besos más corta de lo que los dos hubieran querido, salió con él de la aldea aprovechando la oscuridad. Pero quiso su suerte que el guerrero fuera a buscar a Suni esa misma noche, y los sorprendiera en plena fuga. Hernán y el joven indio lucharon, puñal contra puñal. El español venció. Huyó con su amada, pero los lules los persiguieron hasta este mismo lugar. Aquí se encontraron también con una partida de soldados que habían salido de Esteco para prender a Hernán como desertor. Con el camino cerrado al Norte y al Sur, Hernán y Suni treparon a aquel cerro –don Francisco lo señaló–. Desde abajo el oficial al mando intimó al joven capitán a que se entregara. Él contestó que sólo muerto lo sacarían de allí. Entonces, a una orden del cacique uno de sus guerreros disparó una flecha certera contra Hernán, que cayó al barranco. Desesperada, Suni se arrojó tras él. Dicen que a los dos les alcanzó un último aliento para morir abrazados. Conmovidos por la tragedia, españoles e indios volvieron a sus respectivos poblados sin quebrantar la paz, después de sepultar a los dos amantes que sólo habían conseguido unirse en la muerte. Pero al hacerlo los separaron: a él lo enterraron allí, en la orilla norte del río, y a ella de este lado. Nadie les rezó. Y dicen que todas las noches sus almas en pena siguen buscándose en la oscuridad...

l final del relato nos dejó a todos pensativos y soñadores.

–Beautiful legend... –comentó Roberts.

Domingo había quedado muy impresionado, pero por otro aspecto del cuento:

–¿O sea que esta noche podrían andar por aquí? –preguntó.

–Así dice la leyenda –respondió don Francisco, imperturbable.

No nos dejó muy tranquilos a ninguno de los chicos.

Rodrigo, Ana y Roberts nos miraron muy divertidos. Los gauchos, que conocían la historia, no lo estaban tanto.

–Hace un par de años, cuando me tocó la guardia, escuché una voz de mujer que cantaba. Se la oía muy triste... –declaró Aguilera.

–¿Qué cantaba? –pregunté.

–No lo sé. No era en cristiano. Se ve que sería en la lengua de los lules... –contestó el capataz.

Nadie dijo nada por unos segundos. Sólo teníamos ojos para las extrañas figuras que las llamas dibujaban en el fogón.

–De cualquier modo, no creo que esos fantasmas sean peligrosos –comentó Rodrigo, siguiendo la corriente a don Francisco y Aguilera. Uno nunca sabía cuándo hablaban en serio, gauchos al fin.

–Y tampoco nos prestarían mucha atención –concluyó Ana.

–Bueno, a dormir se ha dicho –dispuso don Francisco–. Mañana tenemos un buen tirón, y quiero llegar a Salta de acá a dos días.

Todos fuimos a nuestros respectivos catres o recados, salvo la gente de la guardia, que afortunadamente no nos tocaba a los chicos.

De cualquier modo ninguno de los cuatro durmió mucho esa noche. En cuanto lográbamos pegar un ojo, el viento en los cañaverales junto al río (eso creo que era, al menos) sonaba como un lamento agudo e iniciaba una seguidilla de:

–¿Oyeron eso?

–Ha de ser el viento...

–No sé... Yo creo que es como una voz.

–¿De mujer?

–Ajá...

–Pa mí qu'es el viento, nomás.

–Mejor que así sea...

Y cuando conseguíamos conciliar el sueño, una lechuza o un urutaú se encargaban de recordarnos todo otra vez.

Yo además juraría que oí unos pasos como de pies descalzos y otros como de botas, pero no comenté nada para no echar más leña al fuego. También pensé que podría tratarse de Ana y Rodrigo, pero no. Pude comprobar que él dormía, cerca de nosotros, y alcancé a ver a Ana, dormida también, dentro de la carreta junto a la que nos acostamos. Nunca sabré si esos pasos fueron reales o mi imaginación, pero sí puedo asegurar que creí oírlos. Es curioso, pero hasta hoy no lo había mencionado.

Como fuera, el sol nos encontró a todos mal dormidos pero sin novedad. Listos para dejar aquel lugar, encantado o no, y proseguir rumbo a Salta.

El camino se fue haciendo más empinado a medida que nos acercábamos a las sierras. Había pasto crecido en abundancia y las mulas se hacían remolonas de puro gordas. El tirón final del viaje se hizo lento y cansino.

No me importó. A cada paso había mucho que ver. Los cerros cubiertos de vegetación, los arroyos sembrados de pedregales que cruzaban el camino para ir a buscar el río Pasaje, las montañas lejanas y azules al Oeste, fundiéndose con el cielo.

Pasamos por Chicoana y por Cerrillos. Los hombres aguijoneaban a las mulas que querían empacarse, porque como dijo Gregorio, "ya se iba sintiendo el aire a Salta", y todos queríamos llegar.

La segunda tarde rodeábamos la sierra cuando Rodrigo y Ana nos llamaron a Rafael y a mí. Querían que nos adelantáramos con ellos, que iban a desprenderse un poco del arreo. Rafael comprendió enseguida, lo vi en su expresión, pero no me dijo nada. En cambio, llamó a Domingo y a Ili, que se enancaron detrás de mí y de él, respectivamente.

Con Rodrigo y Ana, galopamos a lo largo de una cuesta empinada. Había un recodo que ocultaba lo que había del otro lado de la sierra.

Los caballos treparon sin perder el ritmo que imponía el árabe de Rodrigo, y cuando llegamos a la cima... me quedé sin aliento.

Porque del otro lado había un valle verde, y en el valle, blanca bajo el sol que brillaba en las cúpulas de las iglesias, había una ciudad.

¡Salta!

¡Habíamos llegado!

Me costó mucho tironear de las riendas: el alazán ya quería bajar, y yo también. Pero Rodrigo aconsejó quedarnos allí y esperar al arreo, mirando el panorama. Tomó la mano de Ana, y ella no la retiró.

Rodrigo tenía razón. En cuanto a quedarnos ahí, quiero decir. Vista como desde el cielo, Salta era la ciudad más linda que había conocido. A la distancia, parecía de cuento. Llegó la hora del ángelus, y las campanas de todas las iglesias se echaron a volar, repicando con ecos que rebotaban en las sierras y llenaban el valle de música. Sentimos que Salta nos daba la bienvenida.

Y así fue cuando, un poco más tarde, el arreo en pleno bajó la pendiente hasta el valle de Lerma, donde pasaríamos la noche, al pie del cerro de San Bernardo. Había muchas mulas más, venidas de los valles próximos, de Córdoba, de Tucumán. Con las nuestras, a ojo de buen cubero, serían unas sesenta mil. Por lo menos eso calculó Gregorio.

A lo largo del valle se sucedían amplios corrales de troncos, que apenas dejaban sitio a unas cuantas tiendas de campaña, entre ellas un pabellón muy grande que hacía las veces de almacén y proveeduría, como comprobé después.

Y bien, el arreo había terminado, pero no el trabajo. Faltaba encerrar a nuestras mulas en los corrales que les habían destinado. Aguilera y Gregorio previnieron a los bisoños: había que tener ojo con algunos avivados que a veces intentaban mezclar sus arreos con otros para llevarse algunas mulas de recuerdo.

Ya fuera porque la gente vigilara o porque nadie se atrevía a meterse con la tropa de don Francisco, no tuvimos inconvenientes. Pero presencié unas cuantas discusiones entre otros troperos. Una casi terminó a punta de facón.

Pernoctamos en el valle. No dormimos mucho. Los rebuznos fueron y vinieron durante toda la noche.

El programa del día siguiente incluía bajar a la ciudad con Ana, Rodrigo, Roberts y Domingo. Rafael prefirió quedarse con su padre, que tendría que lidiar con sus compradores. A Rafael todo ese asunto de la compraventa y el regateo le interesaba bastante, pero a mí francamente me aburría.

De todos modos, antes de salir me quedé un rato dando vueltas por la feria con él, Ili y Domingo. Teníamos tiempo para perder, ya que Ana había decidido dormir un poco más para compensar el sueño que le quitaran los diálogos mulares.

Esa mañana comprendí por qué don Francisco había hecho descansar a las mulas en el terreno seco y pedregoso de Cafayate. El valle de Lerma en esa época del año es húmedo y cenagoso, y los cascos de otros animales se ablandaban. Eran los primeros que descartaban los compradores.

Los había muchos y de toda laya. La mayoría, españoles del Perú, encomenderos de Lima o dueños de minas de Potosí, más algún portugués y hacendados criollos, cordobeses o salteños.

Primero venía el descarte: por alguna razón nadie quería mulas blancas o tordillas. Se pagaba muy poco por los animales demasiado briosos o ariscos. Si alguna mula se retobaba y había que enlazarla, generalmente terminaba en el suelo y la daban por estropeada. Se regateaba bastante, y después se fijaba el precio de cada cabeza entre doce y dieciséis reales.

A medida que se vendía, los arrieros recibían su paga. El sistema era bastante curioso, ya que les daban una parte en dinero contante y otra en especie: lanas, sedas, lienzos y arreos de plata. Gregorio se hizo de unas lindas pilchas para su Azucena y unos estribos que daba gusto mirarlos.

Los chicos nos entretuvimos un rato mirando la doma de las mulas recién compradas: las trataban bastante peor que a los caballos. Las ataban a un palenque, les vendaban los ojos y las tiraban al suelo para ensillarlas. Después el domador se les subía encima y salían al galope por el potrero a campo abierto, hasta que las nazarenas y el rebenque las convencían de no corcovear más. Las traían de vuelta con el lomo arqueado y el espíritu quebrado. Nos dio tristeza, y no quisimos mirar más. Terminamos recorriendo el resto de la feria.

Había para divertirse: mujeres ofreciendo tamales y empanadas, ricas pero muy picantes; comitivas de indios de Jujuy y el Alto Perú con gorros de lana y ponchos a rayas, vendiendo frutas, verduras, vasijas y lo que hubiere; y por todas partes gauchos a caballo.

Casi todos llevaban sombreros de ala ancha, ponchos rojos con listas negras y anchos guardamontes de cuero que les protegían las piernas de los matorrales espinosos del monte. Para entretenerse organizaban jineteadas y carreras de sortija. Tengo que decir que jamás vi mejores jinetes. Los gauchos de Buenos Aires y Santa Fe tampoco salían mal de un redomón, pero éstos eran capaces de hacer doblar a un potro sobre una baldosa. ¡Y galopaban a través del monte!

Por fin Ana apareció, tan deslumbrante como el día que la conocí y sin rastros de la mala noche, y salimos rumbo a la ciudad. A último momento, Ili se nos agregó.

Salta estaba rodeada por un foso que se franqueaba por una calzada. Nos llevó a una calle empedrada en la que repiqueteaban los cascos de los caballos. Pasamos primero frente al hospital de San Andrés y luego bordeamos la iglesia de San Francisco para ir a dar a una casona que daba por un lado a la calle que recorríamos y por el otro a la plaza mayor.

Allí Ili se separó de nosotros: su misión comenzaba por ir a la Catedral a rezarle al Señor del Milagro, y de ahí a ver al prior de San Francisco con un recado de fray Bernardo.

Los cinco restantes desmontamos frente a la casona. Rodrigo hizo sonar un llamador que colgaba de la puerta. Acudió una india vieja que preguntó cortésmente cuál era nuestra gracia. Cuando Ana se dio a conocer, la mujer reaccionó dando media vuelta y metiéndose en la casa. Por un momento nos quedamos sin saber a qué atenernos, pero segundos después una señora gorda muy risueña vino como una tromba a través del zaguán y le dio abrazos y besos como para cinco Anas juntas. Hubo un revuelo de chicos y sirvientes y todas las reglas de hospitalidad se cumplieron a un tiempo: por un lado fueron nuestros caballos, por otro Domingo y por el otro Ana y sus invitados, lo que me incluyó.

Durante un rato hubo que soportar charlas y explicaciones, mientras Ana relataba su viaje, con algunas notables omisiones, y contaba vida y milagros de toda su familia a los primos salteños. Eran tan numerosos como los santafecinos, y de varias edades pero todos mayores que yo. La cosa habría sido aburrida del todo si no me hubieran convidado con pastelitos.

Rodrigo y Roberts pasaron por su sesión de presentaciones y relatos del viaje que entretuvieron a toda la familia durante el almuerzo. A mí, que ya los conocía de sobra, me dejaron con más ganas de escapar.

La siesta fue mi oportunidad. Rodrigo me dio venia para salir a corretear por ahí. Fui a buscar a Domingo. Lo encontré en la cocina, para variar dándose corte con la chiquilinada. Ahora narraba su versión del viaje, exagerando sus habilidades ecuestres; para no hablar de los diversos percances del camino que reducían a Ulises a la altura de un poroto, o de las almas en pena que había "enfrentado" cerca de Esteco. No tenía remedio. Lo llamé:

–¡Domingo!

–¿Sí, niño? –respondió con esa solemnidad que asumía frente a chicos extraños.

–Necesito que me acompañes. Vamos a recorrer los alrededores –dije, siguiéndole el juego.

–Está bien, niño –contestó él, y se vino tras de mí dejando a su público muy impresionado con sus maneras de hombre de mundo.

No bien llegamos a la calle, me preguntó:

—¿Adónde vamos, niño?

—A dar una vuelta por ahí, y después a buscar a Ili. Y como me sigas diciendo "niño" te pongo un ojo en compota...

—Como usté diga, niño.

Casi le di la piña prometida, pero cuando lo miré me encontré con los ojos risueños y la sonrisa burlona de siempre. Me limité a darle un empujón en el hombro y salir corriendo hacia la plaza con él un paso atrás.

A esa hora la plaza estaba completamente vacía. Supongo que toda Salta estaría durmiendo la siesta. No había demasiadas oportunidades para una aventura.

Sólo quedaba ir a buscar a Ili. Rumbeamos hacia la iglesia de San Francisco por las calles desiertas.

Al pasar junto a un tapial oímos un ruido metálico. Lo reconocí enseguida:

—¡Domingo! ¡Son espadas!

—Sí, es verdá —repuso él con cierto susto.

—¡Vamos a ver! ¡Dame un pie!

Más sensato que yo, Domingo no tenía tantas ganas de averiguar qué pasaba tras el tapial, pero no le di tiempo a contestar. Con su ayuda trepé al muro y desde arriba lo urgí a subir.

El sonido provenía de un patio. Efectivamente, dos espadachines se enfrentaban con sables. Con sorpresa descubrimos que eran muy jóvenes, dieciséis o diecisiete años a lo más. Los dos vestían de la misma forma: camisas blancas abiertas en el cuello, pantalones blancos con una lista roja al costado, que los identificaron como cadetes, y botas negras. Uno de ellos tenía el pelo renegrido y largo, el otro una melena castaña que se sacudía en cada lance.

Se batían con fiereza, tan concentrados en su duelo que no advirtieron que había espectadores. Domingo se acomodó a mi lado y quedó tan impresionado como yo.

Porque los dos jóvenes iban y venían por el patio, en un toma y daca de estocadas. Parecían dispuestos a partirse en dos en cualquier instante. En cada choque los aceros se sacaban chispas.

El moreno era más alto y más fuerte que el otro y pronto se nos hizo evidente que llevaba ventaja. Su rival parecía algo cansado; transpiraba profusamente y había pasado a una postura totalmente defensiva.

Por fin, el otro muchacho lo arrinconó contra una pared, apartó su sable con un golpe magistral y lo desarmó de un planazo en la mano.

El joven alto apoyó la punta del sable en el pecho del vencido. Domingo y yo contuvimos la respiración.

Entonces el vencedor apartó el sable, estrechó la mano del otro y dijo sonriente:

–Me debes un buen vaso de vino, Juan José.

Espontáneamente, Domingo y yo aplaudimos.

–Parece que tienes público, Martín –rió el otro.

El joven moreno nos vio, sonrió y vino hacia nosotros.

–¿Qué hacen ahí arriba, ustedes?

–Mirábamos el duelo. Sos un flor de espadachín –contesté, suelto de cuerpo.

Le hizo gracia.

–¿Serás un entendido, tal vez?

–Algo sé del arte, no creas –respondí–. Mi tío es una de las mejores espadas de Buenos Aires, y me ha enseñado algunas cosas.

–¿Ah, sí? ¿Quieres bajar, y demostrarlo?

–¡Bueno! –accedí, y salté al patio.

Domingo saltó detrás.

–¿Estás loco, Pedro?

–No te preocupes, Domingo. Yo sé lo que hago –mentí.

El muchacho empuñó su sable y me dio el de su amigo. Casi me dobló la mano: pesaba mucho más de lo que yo creía. No obstante, reuní toda mi fuerza y logré sostenerlo.

–¡En guardia, porteño! –me invitó.

Me coloqué en la primera posición, y esperé.

No duró mucho. Logré parar las dos primeras entradas; a la tercera me encontré de golpe desarmado y sentado en el suelo. Todavía no sé cómo lo hizo.

Me dio su brazo y casi me alzó en vilo al ponerme de pie.

–No está mal, porteño –sonrió–. ¿Cómo te llamas?

–Pedro de la Cruz.

–¿Tu tío no será Rodrigo de la Cruz?

–El mismo.

–No mentías, pues. Lo conozco, de mentas.

Me dio la mano. Apreté con fuerza, como él.

–¿Y vos quién sos, cadete?

–Me llamo Martín Miguel de Güemes.

CAPÍTULO XXV

Resultó que Martín Miguel era amigo de los primos de Ana María. Esa misma noche lo tuvimos de visita. Rafael vino con su padre, que ya había concluido casi todos sus negocios, y aprovechamos para pedirle al cadete lecciones de esgrima. Aceptó a cambio de que Rodrigo le diera algunas a él. Quedamos en empezar al día siguiente.

A todo esto, la aventura de Ana estaba a punto de culminar. Con el secreto que la había llevado a Salta. Esa misma noche comprometió a Rodrigo para que la acompañara a un caserón en las afueras de la ciudad, una mansión deshabitada que había pertenecido a otro tío suyo. Para mi sorpresa y la de Rafael, insistió en que fuéramos con ellos.

–Ustedes han compartido mi aventura hasta acá –explicó– Y quiero que estén al final.

Así que por la mañana tuvimos la sesión de esgrima, muy satisfactoria para todo el mundo. Martín aprendió de Rodrigo un par de lances nuevos y nosotros de él varios modos de ataque.

Y a la tarde, nos volvió a tocar el papel de escoltas de Ana, pero esta vez con el tranquilizante agregado de

Rodrigo. Siempre sin decirnos para qué, Ana nos hizo llevar un par de palas.

Hubo que salir de la ciudad y cabalgar un buen trecho hasta llegar.

–Allí es.

Ana señaló una mansión que había conocido tiempos mejores. Ya desde el camino se veía que sólo uno de los muros se mantenía completo en pie. Donde debía haber estado la sala hacían sombra las ramas de un árbol de grueso tronco, vecino a la casa. La copa luchaba por abrir los escasos restos del techo.

–Ana, espero que ahora puedas decirnos a qué vinimos –pidió Rodrigo.

–En cuanto entremos –contestó ella.

Desmontamos y fuimos hasta el portón de rejas. El candado enmohecido cedió al primer tirón.

Caminamos entre los yuyos siguiendo a Ana, que se dirigía a un lugar preciso: al pie del árbol.

Ana tocó el tronco como quien saluda a un viejo amigo. Con un ademán, nos instó a sentarnos sobre las raíces.

–La última vez que lo vi, este árbol no pasaba de esta altura –alzó el brazo sobre su cabeza–. Y yo, de ésta.

Ana señaló una marca en el tronco, hecha con un cuchillo, que parecía indicar la estatura de una chica de unos diez años.

–Rodrigo –siguió–, ¿te acordás de mi tío Agustín?

–¿El hermano de tu abuelo? ¿Aquel que quería volar como los pájaros? Si no recuerdo mal, lo tomaban por loco.

–El mismo. Y no estaba loco. Sólo tenía una gran imaginación. Había renunciado a la cordura, pero no a su inteligencia.

–Sí, lo recuerdo bien. Era un tipo simpático. Excéntrico, pero fácil de querer.

–Y yo fui su sobrina favorita. Solía contarme cuentos de princesas españolas y nobles sarracenos... Supongo que me querían especialmente porque no pudieron tener hijos. El día que cumplí diez años, poco antes de que volviera a Santa Fe, vine a despedirme de él y tía Gertrudis a esta quinta. Y me hicieron un regalo muy especial. Sólo él, la tía y yo lo supimos. Está enterrado al pie del árbol, no muy profundo. Ahora, Rafael y Pedro, les pido que caven un poco. No se preocupen; si aún está, lo encontrarán pronto.

–¿Es un tesoro? –pregunté, entusiasmado.

–Algo así.

Rafael y yo pusimos manos a la obra. No habíamos levantado cuatro terrones cuando mi pala chocó contra una superficie dura con un sonido sordo.

Escarbamos alrededor y enseguida descubrimos un pequeño arcón, un cofrecito negro con cerradura e incrustaciones doradas.

Lo alzamos con la ayuda de Rodrigo. Entonces Ana tomó en sus manos un relicario que llevaba al cuello. Lo abrió y sacó una llave diminuta.

Calzó perfectamente en la cerradura. Y a pesar de la herrumbre, Ana pudo hacerla girar un par de veces. La tapa se abrió.

Adentro había algunas joyas, unas monedas de oro y un pequeño camafeo.

Los tres la miramos asombrados.

–¿El regalo de tu tío...? –afirmó más que preguntó Rodrigo.

–Dijo que debía venir a buscarlo cuando tuviera edad. Las monedas son para Pedro y Rafael, y para Ili, que me trajo hasta aquí con ellos.

Rafael y yo le dimos las gracias, impresionados. Rodrigo la miró con una sonrisa expresiva.

–¿Y las joyas?

–¿No lo adivinás? –preguntó ella.

Él se rió.

–Sabés que no te hace falta una dote... –dijo.

Ella le devolvió una sonrisa significativa.

–Para eso alguien debería declarárseme...

Él la miró como excusándose, hizo ademán de darse vuelta hacia los caballos y, cuando ella ya iba a decir una barbaridad, la tomó en sus brazos y le tapó la boca con un beso.

–Ana María Aldao –dijo entonces–, ¿quiere usted casarse conmigo?

–De mil amores...

Se volvieron a besar. Rafael me codeó para que mirara hacia otro lado, pero no le hice caso. Yo sabía que no quedaría así nomás con estos dos.

–En cuanto mi hermano Luis lo consienta –agregó ella en cuanto pudo respirar.

Él ni se mosqueó.

–Cuento con ello –dijo, y la volvió a besar.

Y ahí sí, le llevé el apunte a Rafael y nos fuimos a dar un paseíto, revoleando monedas. Ellos tendrían con qué entretenerse antes de volver a Salta.

Esa tarde Rafael, Domingo y yo fuimos a buscar a Ili a San Francisco.

El hermano portero nos hizo esperar unos minutos en el atrio. Ili no tardó en aparecer.

Pero no era el mismo. Apenas mostró entusiasmo cuando le dimos su parte del "tesoro" de Ana. Lo notamos más reservado, más serio, como si hubiera crecido de golpe en un día. Hasta se rehusó a acompañarnos a jugar; eso sí, con su buen modo de siempre.

–¿Por qué, Ili? –le pregunté a boca de jarro.

–Es que tengo que prepararme para el viaje.

–¿Viaje? –repitió Rafael– ¿Qué viaje?

–Debo ir al Norte, a la quebrada –replicó él–. Tengo que llevar un encargo de fray Bernardo a un hombre sabio que vive allí.

La gravedad de Ili nos impresionó. Nos quedamos sin palabras por unos segundos. Por fin Domingo fue quien habló:

–¿Cuándo te vas?

–Mañana, al amanecer.

–Ese lugar adonde vas, ¿es lejos? –lo interrogué.

–No mucho –respondió él–. A lomo de mula, dos días de camino.

–¿Y te vas a ir así, solo? –preguntó Rafael.

–Pues sí...

Rafael y yo intercambiamos una mirada, y supimos que estábamos de acuerdo.

–¡Vamos con vos! –ofrecí.

–¡Sí, vamos! –agregaron Rafael y Domingo.

Ili meneó la cabeza.

–No sé, changos –dijo al fin–. Difícil es el camino... Hay que cruzar un puente colgante, y un desfiladero muy angosto.

–No nos importa –dije enseguida.

–Más razón para que no vayas solo –insistió Rafael.

–Y te la debemos, Rafael y yo –añadí–. Vos no sé, Domingo. Si es peligroso... Nadie te obliga a ir.

Mi amigo fue sincero cuando respondió:

–Si vos vas, yo también quiero ir con Ili.

–Arriesgado es... –Ili insistió.

–También lo era guiarnos por el monte –dije.

Y entonces él sonrió su aceptación.

Por nuestra parte, todo estaba decidido; pero convencer a don Francisco y Rodrigo sería otro cantar.

Nos sorprendió no encontrarnos con una negativa rotunda de entrada. Tal vez el buen humor de don Francisco lo predispuso a nuestro favor: ya había concretado sus compras de mercadería a precios excelentes. O quizás, después de nuestras aventuras, admitían que pudiéramos afrontar una más... Lo cierto es que nos escucharon con seriedad, como a adultos. Cuando terminamos don Francisco habló, sereno como siempre:

–Me parece bien que sean consecuentes con un amigo que ha hecho mucho por ustedes... Por otro lao, todavía son medio pichones pa tanto viaje...

Rodrigo nos había escuchado con atención. Vi en sus ojos esa chispa que revelaba complicidad.

–Don Francisco, creo que sé cómo resolver esto. Me gustaría conversarlo con usted.

–Cómo no, muchacho –y don Francisco se volvió a nosotros–: Espérenos en el patio. Cuando hayamos tomado una decisión, los llamaremos.

Rafael y yo aguardamos unos minutos a la sombra de la magnolia que cobijaba el patio entero. No podíamos oírlos.

–¿Y si nos escapamos, aunque no nos den permiso? –se me ocurrió.

–Ya levantamos la perdiz –respondió Rafael–. Y no creo que podamos madrugar ni a mi tata ni a tu tío.

Tenía razón. Por fin nos llamaron.

Ninguna de las dos expresiones anticipaba nada. No pude reprimir un...

–¿Y...?

–Y, que les damos permiso –dejó caer Rodrigo, sonriente.

Rafael y yo gritamos nuestra alegría.

Mientras íbamos a reunirnos con nuestros anfitriones para la tertulia vespertina, me acerqué a Rodrigo y le tiré de la manga:

–¿Cómo lo convenciste?

–Eso, sobrino, es un secreto que me reservo.

No insistí. Ya sabía que sería inútil.

Capítulo XXVI

A la mañana siguiente, dos grupos se pusieron en marcha. Uno con el amanecer: Candioti y sus gauchos se volvían a Santa Fe, las carretas cargadas de mercancías y las alforjas llenas. Pero a cubierto de salteadores y forajidos: nadie se metía con el príncipe de los gauchos y su gente.

Rafael se emocionó al despedirse de su padre, aunque sólo fuera por una semana. Rodrigo había arreglado nuestra partida para que coincidiera con la resolución de ciertos asuntos de Roberts y nuestro regreso de la quebrada, es decir unos cuatro o cinco días. Al ritmo de la caravana nos bastarían otros tres para alcanzarlos en Tucumán, si cortábamos camino por las sierras.

Al rato nomás, Ili, Rafael, Domingo y yo salimos con el rumbo opuesto, a lomo de cuatro mulas que serían más útiles que caballos en el camino de cornisa. Íbamos livianos de pertrechos, con la consigna de pernoctar en una posada de Jujuy, donde nos atenderían con sólo invocar un par de nombres.

El primer día fue fácil y divertido. Aunque el camino que cruza las sierras y bordea el monte fuera escarpado y metiera algo de miedo. No para Ili, que se había criado entre sierras y montañas, pero sí para tres llaneros pampeanos.

Sin embargo, podía más la excitación de nuestra primera salida solos, sin control adulto, y la belleza de esos cerros cubiertos de monte, verdes contra el azul de un cielo que se nos acercaba.

Más próximos a Jujuy, todo fue cuesta abajo. Tanto que hicimos el camino cantando. Es decir, Domingo, Ili y Rafael cantaron, yo desafiné, y las sierras devolvieron ecos.

Llegamos a Jujuy con tiempo para una buena comida y descanso suficiente en la posada indicada, un lugar acogedor y tranquilo. La patrona nos trató como a príncipes, aunque no dejara de repetir lo chicos que éramos para un viaje tan riesgoso.

Nos reíamos, pero el día siguiente le dio la razón.

La quebrada de Humahuaca se me presentó como un lugar mágico, con sus cerros franjeados de colores vivos. Pero también un lugar que encerraba peligros. A medida que avanzábamos, Ili se iba poniendo más y más tenso. A cada curva, en cada recodo del camino miraba alrededor con atención como quien busca un rastro.

–Nos vienen siguiendo –dijo de pronto.

–¿Qué? ¿Viste algo? –preguntó Rafael.

–No, pero lo he sentido. Adentro –dijo él.

–¿Querés que paremos? –lo consulté.

–No. Hay que seguir –decidió.

Así lo hicimos. En un silencio duro, que ninguno quiso quebrar. Llegamos a un terreno encajonado por los cerros, en el que extrañamente no entraba el viento. Durante un tiempo sentimos dificultades para respirar, como si nos faltara el aire. ¿Sería la altura? ¿O algo más, algo que llenaba el lugar de nada, como una maldición?

Al fin, en una vuelta del camino que alguna vez recorrieron los mensajeros del inca, recuperamos el viento. Los cuatro nos llenamos los pulmones de aire fresco. Ili detuvo a su mula.

Señaló unas construcciones de piedra en una terraza sobre el valle.

–Aquí es... –exclamó.

–¿En ese lugar? –preguntó Domingo.

–No. Hay que subir... Tenemos que dejar las mulas.

Seguramente pusimos caras largas los tres, porque enseguida Ili agregó:

–Pero ustedes pueden esperarme aquí, si quieren.

–No, Ili –contesté por los tres–. Si llegamos hasta acá, te vamos a acompañar hasta el final.

Él sonrió, y volvió a ser el Ili que nos había encontrado junto al río. Volvió a ponerse serio cuando dijo:

–Vamos, pues...

Dejamos las mulas atadas junto al camino, en un sitio donde había algo de pasto. Y seguimos a Ili.

Él encaró la sierra y empezó a trepar la ladera rocosa. Los cuatro subimos un buen rato: la pendiente no era muy pronunciada, pero a medida que nos elevamos nos volvió a faltar el aire. Al menos yo sentí pronto una fatiga creciente, y era aparente que Domingo y Rafael también la sufrían. Ili en cambio trepaba como una cabra. Noté que se demoraba un poco para no dejarnos atrás.

Por fin llegamos a una especie de mesa o terraplén que no habíamos podido advertir desde abajo. Llegar fue un alivio. Mirar hacia adelante, un sudor frío.

Porque desde el descanso, hacia un cerro que habría sido inaccesible de otro modo, partía un puente colgante. Muy, muy estrecho.

–Ili... –pregunté– ¿Vos creés que eso nos aguantará a los cuatro?

–Aguantó a muchos chasquis antes que nosotros. Pero quédense hasta que yo vuelva, si prefieren...

Nos miramos entre los tres.

–¿Falta mucho? –preguntó Domingo.

–No, si es ahicito nomás.

–Entonces quiero seguir –dijo valientemente el negrito.

–Yo también –exclamamos a un tiempo Rafael y yo.

Uno por uno fuimos atravesando el puente de cañas, que se sacudía y bailaba a cada paso, aferrados a las sogas que oficiaban de pasamanos y tratando, como recomendó Ili, de no mirar hacia abajo. Yo eché un vistazo. Tiemblo al recordarlo mientras lo escribo.

Por fin Rafael, que fue el último, alcanzó el otro lado. Creímos que lo peor había pasado. Creímos...

Desde el extremo del puente colgante partía un sendero que bordeaba la sierra. De ancho, apenas dejaba espacio para apoyar los dos pies unidos. Ili otra vez nos dio el ejemplo a seguir: se puso de espaldas contra la montaña. Así avanzamos, paso a paso, tomados de las manos, afirmando bien cada pie antes de mover el otro. La cornisa nos llevó al otro lado de la montaña, donde no daba el sol. Un viento helado se nos metía en el poncho y nos sacudía el pelo contra la frente (salvo a Domingo, claro).

Casi de golpe, sin previo aviso, nuestra ordalía se interrumpió. La cornisa entraba en la montaña. O, mejor dicho, iba a parar a una gruta cavada en ella, no sé (ni lo sabré nunca) si por el viento o por los hombres.

Ili fue el primero en entrar. Luego la gruta se tragó a Domingo; lo seguí, y a mí Rafael.

Nos encontramos en total oscuridad. Ili propuso:

–Tomémonos de la mano otra vez, changos. El camino lo indico yo...

Así lo hicimos. Él continuó adentrándose en la caverna como si viera perfectamente. Lo seguimos como ciegos a un lazarillo.

Poco a poco mis ojos se fueron haciendo a la penumbra. Justo cuando empecé a distinguir formas ya no me hizo falta: en las paredes había antorchas encendidas, y pudimos ver alrededor.

Lo que vimos fue fantástico: las paredes estaban cubiertas de dibujos. No sé con qué los habían pintado: era una sustancia de textura terrosa, que producía colores pastel. Representaban figuras de guanacos y vicuñas, los contornos perfectamente reconocibles, y detrás siluetas oscuras de hombres corriendo. Abajo del dibujo, un verdadero mural, una mano marcada parecía una firma.

Domingo, Rafael y yo mirábamos las paredes fascinados cuando una voz habló a nuestras espaldas:

–Bienvenido, Ili.

Eso es lo que dijo en quechua, aproximadamente. Ahora no recuerdo las palabras exactas. Ili respondió con una fórmula de saludo, y llamó a su interlocutor "yupanqui".

Estaba sentado contra la pared: un indio que parecía tener la edad del mundo, cubierto por un poncho oscuro del que sólo asomaban los brazos huesudos y las piernas cruzadas. Ili fue hacia él. El hombre nos invitó a acercarnos también, con un ademán.

–Vengan, pues –sonrió Ili–. El yupanqui es mi amigo, y amigo de fray Bernardo también.

Sus palabras vencieron nuestra reticencia y los tres nos sentamos en el suelo como lo hiciera Ili, frente al hombre, cruzando las piernas.

El viejo echó al suelo unos polvos, y una lengua de fuego se alzó de pronto ante nosotros.

Debo decir que nos impresionó bastante, sobre todo a Domingo, que ya sospechaba estar en presencia de un brujo o diablo de los mayores; pero la calma de Ili era contagiosa.

Sonriendo, el indio colocó una marmita sobre la llama, la llenó de agua que sacó de una vasija y echó unos yuyos adentro.

Siguió una prolongada conversación en quechua con Ili, en el transcurso de la cual nuestro amigo le entregó una chuspa que contenía una pequeña cruz y una carta. El viejo indio las recibió y las guardó, y a cambio le entregó a Ili un cordel con varios nudos atados, similar a un rosario. Ili lo recogió con respeto, como quien toma algo frágil y delicado, anudó las puntas del cordel y se lo colgó al cuello.

Instintivamente llevé la mano al colmillo de puma que aún pendía del mío.

Entonces el hombre tomó unos pequeños recipientes de arcilla como tazones, los llenó del brebaje que había preparado y nos dio uno por cabeza. Como Ili bebiera del suyo sin preocuparse, lo hicimos también: la infusión tenía un gusto penetrante, pero no desagradable.

Y entonces... es curioso, pero no recuerdo muy bien lo que siguió: lo poco que logro revivir es vago y neblinoso como un sueño. Sé que debimos haber atravesado la cornisa y el puente, porque cuando recuperé toda mi conciencia estábamos abajo junto a las mulas; pero no me acuerdo de cómo lo hicimos. Si sé que no tuve la sensación de peligro que experimenté en el camino de ida, y tengo idea de haber visto el valle desde la perspectiva de un pájaro, bien abajo, pero esta vez sin temor.

Miré a Domingo y Rafael. Los dos tenían la misma expresión que yo: la de quien despierta de un sueño. Ili sonreía.

–Ili... –preguntó Domingo– ¿Cómo bajamos?

–Desde allá arriba, pues –sólo contestó él–. Bajando...

Y eso fue todo lo que le pudimos sacar. A un par de preguntas más, dio respuestas tan evasivas como misteriosas.

Cuando bajamos por la quebrada, Ili volvió a cantar. Y nosotros con él.

Capítulo XXVII

Llegamos a Jujuy entrada la noche, y la buena posadera volvió a darnos hospedaje y alimento.

A la madrugada emprendimos el camino a Salta, más animados y seguros que nunca.

Tal vez el viejo Nepomuceno tenía razón. Tal vez es cuando uno mejor se siente que la desgracia ataca.

A mediodía, cuando paramos a comer a un lado del monte, Domingo fue a sentarse en una piedra lisa... y se incorporó con un grito.

El escorpión, amarillo y negro, volvió a meterse bajo las piedras.

Domingo se agarró el pie, llorando de dolor. Rafael corrió a su lado y se agachó para chupar el veneno y escupirlo.

Furioso, busqué un palo para vengarme, pero el bicho había desaparecido.

Domingo siguió quejándose. Ili nos urgió a volver a Salta sin demora. Conocía esa clase de escorpiones y cuán activo era su veneno, pero no se lo dijo a él.

Habría dado mi brazo derecho para que las mulas se transformaran en los caballos más veloces.

Y, en cierto modo, mi deseo se cumplió.

Porque de pronto, en el camino, detrás de nosotros, aparecieron dos jinetes en un árabe renegrido y un zaino grandote.

Sí. Rodrigo y Gregorio.

Nos habían seguido todo el viaje, sin hacerse notar. Ahí Rafael y yo supimos cuál había sido la conversación entre mi tío y su tata.

Y el árabe se adelantó volando con Domingo en la cruz, en brazos de Rodrigo.

Para nosotros el camino a Salta fue interminable. Gregorio nos acompañó; el zaino tuvo que acomodarse al galope corto de las mulas. Yo fui rezando, tratando de no pensar más que en el bien de Domingo.

Cuando llegamos, corrí adentro llamándolo. Lo encontré en mi cuarto, el rostro oscuro en un mar blanco de almohadas, sábanas y pañuelo en la frente. Tenía los ojos cerrados...

No bien entré, los abrió. Y la boca, en una sonrisa que fue más blanca que nunca.

—Ya pasó, Pedro –sentí la mano reconfortante de Rodrigo en el hombro–. El doctor le dio un antídoto y reaccionó bien. Aún está débil, pero ya le ha bajado la fiebre.

Sé que tendría que haberlo dejado descansar, pero no pude evitar abrazarlo primero. Él me palmeó la cabeza, como si el enfermo fuera yo.

Cuando salí al patio creo que Ili y Rafael me abrazaron y algo dijeron, pero no los oí ni los vi. Sólo oía mi propia voz, muy adentro, agradeciendo para salir de los ojos hecha agua y sal.

Un par de días después Domingo estuvo en condiciones e iniciamos el viaje, después de despedirnos de los parientes de Ana y de Martín Miguel. Su regimiento tendría que trasladarse a Buenos Aires en el futuro, y quedó en ir a visitarnos.

No fuimos por el camino de las carretas, sino por otra ruta, más difícil pero más rápida, que nos llevaría a través de las sierras de Metán.

Me costó un poco despedirme de Salta cuando el recodo en el cerro nos la robó. Es linda, como dicen sus paisanos.

Y otra vez los ocho cruzamos lechos de arroyos secos, pedregales, senderos bordeados por sierras cubiertas de monte, valles y cañadas.

El segundo día la serranía de Metán surgió en el horizonte muy azul. Era una mañana fresca, que invitaba a moverse.

A poco andar dimos con un río ancho que resultó ser el Pasaje.

–Es el mismo que llaman Salado en Santiago y Santa Fe –informó Rodrigo para conocimiento general y sobre todo de Roberts.

–¿El mismo que bordeamos todo el viaje? –me admiré.

–Tiene más vueltas que la oreja –observó Rafael.

Por suerte, allí era poco profundo y fácil de vadear. Ya le iba tomando simpatía al río, como si fuera un viejo amigo. O tal vez las emociones del viaje me iban poniendo sentimental.

El camino se hizo más y más cuesta arriba, y los cerros altos se nos fueron acercando hasta que nos metimos en ellos.

Empezamos a bajar en un abra entre los cerros. Un lugar ideal para una emboscada.

–Abrir bien los ojos desde ahora –advirtió Rodrigo–. Por esta zona suele haber bandidos. Me contaron que...

Una detonación lo interrumpió. La bala pasó entre Roberts y la cruz de su caballo y rebotó en las rocas a nuestra derecha.

—¡A cubierto! –ordenó enseguida Rodrigo.

Volamos a parapetarnos tras la misma roca, un promontorio grande a la vera del camino.

Fue una trepada dura para los caballos y desesperante para nosotros. Otras dos balas silbaron a nuestro alrededor. Por fortuna, nuestros atacantes eran malos tiradores o no podían acertarle a blancos móviles: otra vez tiraron a errar. Todos llegamos ilesos a nuestro refugio.

La roca era lo bastante grande como para cubrirnos con caballos y todo. Desmontamos; Rodrigo, Gregorio y Roberts manearon los fletes y nos ordenaron al resto que nos quedáramos quietos contra la base de la roca, en el lugar menos expuesto. Ana, para mi sorpresa, obedeció sin protestar.

Rodrigo analizó la situación.

—No podemos contestar el fuego, a menos que sepamos dónde se esconden.

—Eso no es problema, dear chap –dijo Roberts.

Y sin decir más se quitó la galera de fieltro y la alzó sobre las rocas con su bastón.

Fue suficiente. La recuperó con tres agujeros.

—Hay un grupo en aquellas rocas –apuntó Gregorio con certeza, mirando hacia la izquierda y arriba.

—Y otro allá –Rodrigo señaló el monte a nuestra derecha.

Nos tenían bajo un fuego cruzado. Y sin la menor chance de salir.

Mi tío no se alteró.

—Esto va a ser largo –dijo simplemente–, así que les aconsejo que no desperdicien energías. Ni balas. No tenemos mucho arsenal que digamos...

Sólo la carabina de Rodrigo, el rifle de Roberts y el trabuco de Gregorio.

Desde arriba nos mandaron otra andanada, y Roberts aprovechó para devolver atenciones. Hubo un grito y una maldición. Siguió un silencio prolongado.

Vi brillar algo en el monte, bastante más abajo y más cerca de nosotros. Sin hablar, toqué el brazo de Rodrigo y se lo señalé.

Él se fijó bien. En un solo movimiento alzó la carabina y disparó. Hubo un grito ahogado y una fuga precipitada, entre los matorrales, de vuelta al punto de donde había salido.

Los de la izquierda volvieron a tirotearnos; Roberts y Gregorio contestaron.

Luego, otra espera tensa.

Entonces, desde las rocas de la izquierda, tronó un vozarrón:

–¡Señor De la Cruz! ¡Queremos parlamentar!

Rodrigo no se movió.

–¡Hablen, nomás!

–Si nos dan lo que tengan de valor, los dejaremos ir... –contestó la voz.

–¿Quién es el que habla? –retrucó Rodrigo.

–Me llamo Bermúdez...

–¿Por mal nombre el Majano?

Hubo una pausa.

–¡El mismo!... ¿Qué me dice, De la Cruz? ¡Le doy mi palabra de no atacarlos!

–No le escuche, patrón –aconsejó Gregorio–. Tan pronto salgamos, nos acribillan.

–Lo sé –y Rodrigo agregó en voz más alta, para Bermúdez–: ¡Mi respuesta es no, Majano! ¡No acepto!

–Deberías hacerle caso a mi socio, Rodrigo –terció otra voz–. Somos más que ustedes...

Varios conocíamos bien esa voz. La de Alfonso Echeverría.

–No, gracias, Alfonso –replicó Rodrigo–. Conozco el naipe.

–Sería mejor que te fueras al mazo, entonces. Las balas no les van a durar, ni los víveres. Y mi socio es famoso por su paciencia... –insistió Alfonso.

–Si querés ver la carta, vení al pie.

–Deberías pensar en Ana y los chicos...

Rodrigo dudó un momento; esta vez no respondió.

–¿Y bien? –otra vez habló el Majano–. ¿Salen o no?

–¡De acá no sale nadie! –la rotunda respuesta salió de labios de Ana.

–Ya oyeron... –agregó Rodrigo.

–Peor para ustedes, viejo –dijo Alfonso.

De pronto, uno volvió a tirar. La bala rebotó otra vez en las rocas; el eco se repitió varias veces.

Capítulo XXVIII

La tarde avanzó, el sol fue bajando, y todo siguió igual. De vez en cuando algunos de los hombres del Majano amagaban acercarse, para obligar a los nuestros a gastar balas, y volvían a zambullirse en los arbustos. Al menos Roberts llegó a herir a otro.

Gregorio empezó a ubicarlos a medida que el sol se ponía a nuestras espaldas. Contó unos doce y calculó unos quince, por los tiros que habían venido de más lejos.

No había forma de salir sin quedar al instante como un colador. Sólo quedaba esperar y seguir esperando.

La noche llegó con una luna grande y redonda, que dejó las cosas más o menos como estaban: con un corredor que seguía siendo tierra de nadie.

Pero ellos volvieron a sus escaramuzas, avanzando y reculando, más protegidos en la oscuridad, obligando a Rodrigo y Roberts a agotar la munición. Gregorio ya hacía rato se había quedado sin balas.

Rodrigo arregló con ellos un sistema de turnos, para que todos pudiéramos dormir un poco. Pero no había mucho sueño que digamos. Sí frío, en cambio. Un frío que también venía desde adentro.

Ana se mantuvo cerca de Rodrigo; cuando él le dejó su guardia a Gregorio, le tomó la mano y se abrazaron.

A mi lado, Rafael y Domingo habían cerrado los ojos, vencidos por el cansancio. En cuanto a Ili...

¡Ili no estaba!

Justo entonces oímos un galope y unos cuantos tiros.

Me incorporé de un salto, siempre al abrigo de la roca, y llegué a ver cómo el caballo ganaba el camino, sin jinete aparente. Mucho más allá, el indiecito ganó de vuelta la montura, pegado al lomo. Ya los tiros no podían alcanzarlo, y se perdió hacia el Sur.

A mi lado, Rafael ya miraba el camino, tan incrédulo como yo.

–Nos dejó, el maula... –alcanzó a decir.

–¿Cómo pudo...? –murmuré yo.

–Al menos se salvó, chicos –dijo Ana, comprensiva–. No lo culpo. Y se necesita mucho valor para salir como él.

Rafael y yo, sin embargo, no encontrábamos explicación ni disculpa. ¿Después de todo lo que habíamos pasado juntos, Ili nos abandonaba así?

El sol nos encontró con los bandidos parapetados pero mucho más cerca. Un grupo de dos o tres había logrado una posición que daba a uno de nuestros flancos. Rodrigo nos mandó a todos hacia el otro lado, y él permaneció con Roberts en el extremo descubierto.

Hubo otros dos intentos y otros tantos desperdicios de balas.

A mediodía, la suerte estaba echada. Todos lo sabíamos.

El Majano gritó "¡Al ataque!" y se nos vinieron de ambos lados. Rodrigo y Roberts volvieron a tirar y lograron herir a dos. Otro cayó, y creo que para no levantarse. Pero una bala dio en el hombro de Roberts.

El inglés soltó el arma. Rafael se zambulló a recogerla. Cuando quiso cargarla Roberts lo miró con pena.

–No quedan balas...

Ana, sin perder tiempo, se cortó un trozo de enagua y le hizo un torniquete al inglés. La herida paró de sangrar.

Rodrigo se volvió hacia nosotros y no le hizo falta hablar. Sólo tiró la carabina al suelo.

Los bandidos volvieron a abrir fuego. Cuando no hubo respuesta, probaron una vez más. Y entonces sí, seguros, con risotadas y gritos de triunfo, salieron de sus escondites y se vinieron.

Eran una docena, contando a Alfonso y Floreal, y ninguno precisamente simpático.

Al Majano se lo reconocía enseguida: un hombretón gordo y peludo, de barba mal afeitada, cejijunto y con un par de dientes de menos. (Aclaro que su sobrenombre quiere decir chancho de monte en el Norte.)

Llegaron hasta nosotros sin prisa.

–Ya ve, don Rodrigo –dijo el bandido–, debió haber aceptado mi oferta en primer lugar, y nos hubiéramos ahorrado todos estos inconvenientes.

–Eres un hombre muy testarudo, Rodrigo –agregó Alfonso–. En fin, es una suerte para Ana María, después de todo. Tendrá quien la sepa apreciar.

Ana lo miró con odio. Rodrigo no pudo contenerse y lo derribó de un puñetazo. Enseguida los dos peones de Alfonso lo sujetaron por los brazos. Alfonso se incorporó y lo golpeó un par de veces, sin piedad.

–¡Cobarde! ¡Basura! –grité, y estuve a punto de lanzarme sobre él pero Gregorio me contuvo.

–Siempre dije que tenías la lengua larga, hijito –comentó Floreal, la sonrisa torva, y desenvainó una navaja, que hizo brillar al sol.

–Ya te divertirás, Floreal –intervino el Majano–. Lo primero es lo primero. Entréguenos lo que de valor traigan.

Dos de sus secuaces se adelantaron, sombrero en mano.

Roberts y Ana les dieron dinero y joyas sin oposición. A Rodrigo le arrancaron el saco y lo agregaron al botín.

—Bueno, amigo Bermúdez, conservaré la muchacha de acuerdo a lo convenido —dijo entonces Alfonso con satisfacción—. En cuanto al resto, haga usted lo que le plazca.

Bermúdez nos miró a todos con falsa tristeza.

—Tengo una política —masculló—. No dejar atrás enemigos ni testigos.

Su mirada se detuvo en mi tío.

—Usted me puso un mal nombre, señor De la Cruz. Un nombre que nunca me gustó...

El Majano extrajo de su cinto un cuchillo de monte de grandes dimensiones.

Los bandidos que tenían a Rodrigo le echaron la cabeza hacia atrás. El gordo alzó el facón...

Me di vuelta para no ver.

Y oí un tiro.

Me volví para ver caer a Bermúdez con una bala en la frente.

Más de veinte jinetes surgieron súbitamente al galope desde el camino, y desde la sierra otros disparos de escopeta dejaron un tendal de bandidos. Gregorio aprovechó la confusión para dormir al más próximo de una buena trompada. Rodrigo se liberó de sus captores de un tirón y un par de puñetazos. Y Rafael, Domingo y yo nos combinamos para hacer caer a zancadillas y empujones a Floreal, que trataba de huir.

El mestizo echó mano a su navaja, pero un jinete lo bajó de un balazo en el pecho. Aguilera.

Y el tirador que había hecho puntería desde el cerro, entraba ahora al camino gallardamente, en su bayo.

Sí, don Francisco. Él y sus gauchos habían venido al rescate en el último momento, como los tres mosqueteros. Y con ellos, Ili.

Nuestro Ili. El amigo que tan mal habíamos juzgado y que había traído nuestra salvación para confirmar que era el mismo de momentos lindos y difíciles. Y aún más. Se había jugado entero por nosotros.

Rafael y yo experimentamos una nueva alegría: entre la caballada de los bandidos recuperamos, algo maltratados pero siempre briosos, a mi alazán y su tordillo. Los dos relincharon de gozo y vinieron a nosotros en cuanto nos vieron.

Alfonso y otros cinco bandidos sobrevivieron para enfrentar al alcalde de primer voto en Tucumán y luego al tribunal de Salta. Pero antes Rodrigo tenía una cuenta que saldar.

Gregorio, atento, fue quien impidió la fuga de nuestro ex vecino, y lo retenía.

–Soltalo –solicitó Rodrigo.

Y lo enfrentó.

–Te voy a dar la oportunidad de defenderte, Alfonso –anunció.

Fue un modo de decir. Porque al quinto golpe el contrabandista ya no quedó en condiciones de defenderse de nadie.

Nuestro regreso a través de Tucumán y Santiago del Estero se convirtió en un paseo; al ritmo de las carretas, ya por el llano, sin preocuparnos por mulas indóciles, viajábamos de día y por la noche repetíamos sesiones de cuentos y coplas al calor del fogón.

Ya bien entrados en Santiago, nos desviamos. Hacia el Sur, y el río Dulce. Es decir, hacia San Francisco Javier. Íbamos a devolver a Ili a su pueblo, y llevamos algo más: don Francisco hizo vaciar tres carretones de víveres y elementos necesarios para la reducción y les dio su formal promesa, que cumplió a la letra, de enviar otras carretas iguales cada invierno.

Así les retribuyó en parte lo que Ili nos diera. Pero su amistad no tenía precio.

Nos costó mucho esa despedida. Quedamos en volver a encontrarnos cuando volviéramos a pasar por Santiago. Y lo hicimos, pero ésa es otra historia.

olvimos al camino de las carretas, bordeando el Salado, y un par de días más tarde pisamos nuevamente suelo santafecino.

No fue un regreso demasiado auspicioso. Por empezar, era evidente que no había llovido en mucho tiempo: a lo largo de la huella el pasto seguía ralo y amarillento hacia donde uno mirara. Y ya estábamos en marzo.

Esa tarde estuvimos a la vista del fuerte de la Esquina. Tres jinetes salieron a nuestro encuentro. Reconocimos con alegría al cadete Estanislao López, acompañado por dos milicos.

Nos saludó, jovial, pero enseguida su semblante se oscureció.

—¿Qué anda pasando, muchacho? —preguntó Candioti—. Nada bueno, ¿verdad?

—Nada bueno, don Francisco.

—Desembuchá, nomás.

—Los abipones de Alaiquín se han sublevado, y los mocovíes con ellos. Ya se dirigen a invadir la campaña. El capitán Echagüe me manda decir que toda la escolta que le puede brindar somos nosotros tres. La mayoría de los milicos ha bajado a Santa Fe para proteger la ciudad.

Seguimos avanzando con la preocupación adicional que nos trajo Estanislao, por el campo yermo, amarillento de pasto puna. De a ratos alguna osamenta de vaca y los caranchos volando en círculo a la distancia hablaban con elocuencia de la magnitud de la sequía.

Tres días más tarde dejamos atrás el fortín de Sunchales, también semiabandonado, y a la oración entramos a la posta de Guzmán.

El maestro de posta y su familia salieron a recibirnos. Delgados, débiles de fiebres y privaciones. Grandes ojeras rodeaban los hermosos ojos de Griselda, y el pobre Vicente estaba flaco como un palo de escoba.

Guzmán, los ojos medio idos, saludó a la gente y enseguida preguntó, temeroso, si no habíamos visto señales de indios. La respuesta negativa apenas lo alivió. En cambio su mujer y los chicos se animaron al ver las provisiones que esta vez nosotros les ofrecimos. Poco y nada tenían ellos para dar, aparte del rancho para el descanso.

Griselda nos llevó a ver el tobiano. Se podía contar cada costilla del pobre.

La noche se nos fue en una espera tensa, que sólo se hizo liviana cuando Gregorio templó la guitarra y cantó un cielito. Sólo los más jóvenes tuvimos voz para acompañarlo, Estanislao incluido, y nadie lo relevó cuando dejó el instrumento.

La madrugada trajo los primeros indicios, claros para el ojo experto de Gregorio, que me los hizo ver. A unas cuadras de la posta pasaron corriendo avestruces, venados, guanacos y hacienda baguala. Todos con rumbo Sur.

El campo se movía.

A media mañana, dos columnas de humo quebraron la llanura. Una al Norte, otra al Noreste.

Ya no había dudas. La indiada no podía tardar. En el campamento no se abrió una boca, pero todas las miradas coincidieron en don Francisco.

–Muchachos, ya saben lo que se viene –empezó el patriarca.

Acto seguido, peló el facón y trazó una línea en el polvo.

–Nunca le he pedido a nadie que me acompañe al muere, y no he de empezar ahora, de viejo –declaró–. Si alguno quiere jugarse a llegar de un galope a Santa Fe, es libre para hacerlo. El que quiera, que cruce esta línea. Yo me quedo a hacer la pata ancha de este lado.

Los gauchos se miraron. Vi el temor y la esperanza luchando en los ojos de Griselda. Si los arrieros se iban, la suerte de su familia quedaba sellada.

Nadie se movió.

–Ya ve, don Francisco –dijo Aguilera–. Somos santafecinos.

–Y a mucha honra –dijo con orgullo Estanislao.

–Hay algún porteño que se queda, también –me oí decir.

–Veanló al mozo –rió Gregorio, y todos rieron con él. Supe que no se reían de mí, sino conmigo.

Igual me puse colorado.

En el horizonte, una polvareda comenzó a emparejar las columnas de humo. Mil doscientos cascos al galope retumbaron un presagio de gritos de guerra, lanzas y flechas.

Todo el mundo tomó posiciones. Las carretas rodearon la posta. Detrás de cada una los hombres se armaron con lo que tenían a mano: Rodrigo su carabina, Gregorio el trabuco, Aguilera una tercerola, Guzmán un matagatos, Roberts el rifle, apoyado en el hombro sano, Estanislao la pistola de reglamento. Había más escopetas, trabucos, lanzas, boleadoras y facones en las manos de cada gaucho.

Las mujeres se quedaron en la casa, esperando, y a los chicos nos dejaron permanecer entre las carretas a condición de volar para el rancho al primer disparo.

Don Francisco iba a intentar una salida desesperada: tal vez algún parlamento y alguna promesa que sabría cumplir harían el milagro de cambiar las intenciones del cacique. Pero no había caballos extra para ofrecer, como en el viaje de ida...

De todos modos el estanciero fabricó una bandera blanca con un mantel, ensilló su magnífico bayo, y esperó.

No por mucho tiempo.

La polvareda se hizo una masa móvil que cubrió todo el horizonte chato, y la masa se identificó en pingos, guerreros y lanzas.

—Don Francisco —ofreció Rodrigo—, ¿lo acompaño...?

—No, Rodrigo. No te conocen. En cambio saben quién es Candioti.

Solo, sin más armas que su coraje, don Francisco Candioti montó el bayo y avanzó hacia la indiada.

A unas tres cuadras de las carretas, los indios se detuvieron.

Dos jinetes se separaron del grupo, como a la ida.

Uno de ellos era el mismo indio alto, hercúleo, con el penacho de plumas en la cabeza. El otro...

Lo reconocí de inmediato.

—¡Rafael! ¡Es él!, ¿verdad?

Los ojos de Rafael se abrieron como el dos de oros.

—¡Sí! ¡Es él!

Cuando pedí mi alazán, casi a gritos, Rodrigo creyó que me había vuelto loco. Ana tuvo que explicarle.

Y entonces sí, me senté de un salto en mi pingo y salí al galope hacia los indios.

Porque, por supuesto, el indio joven que cabalgaba al lado del jefe Alaiquín no era otro que Paiquín, hermano del puma.

Y del chico que lo había prevenido del jaguar en el monte tucumano.

Cuando me vio venir, el colmillo en alto en la mano derecha, bastaron unas palabras a su padre.

Hubo una breve conversación con don Francisco y una oferta de cabezas de ganado que el jefe aceptó sin regatear.

Paiquín se me acercó, nos tomamos mutuamente el brazo derecho y murmuramos una frase de buenos deseos. Yo por lo menos; supongo que lo que él dijo iba por el mismo rumbo.

Luego los dos indios dieron media vuelta y volvieron con su gente.

La voz de don Francisco me hizo reaccionar:

—Volvamos también con nuestra gente, Pedro. Hoy no sólo salvaste a esta posta; también a Santa Fe. Nunca te olvides de este día.

Ni de esas palabras. Cuando me toque, me iré con ellas.

Volví a una ovación, la primera de mi vida. Y la última, hasta ahora. Recibí exclamaciones y abrazos, pero ninguno como los de Rafael y Ana, que comprendían todo mejor que nadie.

El resto del día me supo a gloria, y lo saboreé. Me había ganado el respeto de los gauchos hasta los más baqueanos, la admiración de Domingo, Griselda y Vicente y la consideración de Estanislao, que hasta entonces me había visto con simpatía pero como a un borreguito.

Pero el premio, el broche de oro, la verdadera respuesta a las oraciones de la señora de Guzmán llegó esa noche.

Primero, silenciosas, furtivas, las nubes. Luego luz y estruendo. Por fin, la lluvia.

Y llovió y llovió sobre los sembrados donde algunos de nosotros bailamos con una niña de ojos grises y un hombre flaco de mirada encontrada...

Capítulo XXX

El 15 de mayo de 1803, en la benemérita ciudad de Santa Fe de la Veracruz, se celebró con cierta pompa y circunstancia la boda de don Rodrigo de la Cruz y la señorita Ana María Aldao, a la que asistieron entre otros invitados don Francisco Candioti, ganadero de la zona, su familia incluyendo al joven Rafael, el señor Gregorio Vargas y familia, el joven liberto Domingo de la Cruz, doña Eugenia y doña Amalia, hermanas del novio, la señorita Florencia Aldao y demás integrantes de la familia Aldao y su entorno.

En el primer banco de la iglesia, muy emperifollado a su pesar, estaba el joven Pedro de la Cruz, aún no repuesto de su papel de héroe cívico, atribución exagerada de los pobladores de la ciudad que fundara aquel vasco audaz que también supo refundar la ciudad de la Santísima Trinidad con su puerto de Santa María de los Buenos Aires.

Llegaron numerosos plácemes y felicitaciones, entre ellas la del secretario del Consulado, don Manuel Belgrano, y otras desde una reducción de Santiago del Estero, de Salta la linda y hasta de la Inglaterra que proyectaba un imperio.

Entonces los dos aún no habían decidido si se quedarían a vivir en Santa Fe o si irían a Buenos Aires o al Arroyo del Medio. Pero sí en cambio que adonde fueran llevarían al sobrino del flamante marido, y a un jovencito negro con su familia entera.

Los mismos chicos que, con un muchachito de pelo rubio y corazón limpio como el pampero, esperaban con ansias un nuevo año que llegara con un nuevo arreo y nuevas aventuras.

A la vuelta de nuestra adolescencia nos esperaba otra, aún ignorada, que nos encontró unidos a los tres y a muchos más en toda América.

El hombre que nos puso en ésta tendría mucho que ver con aquélla. Y con sus colores.

Pero ésa es otra historia, y habré de contarla en otra oportunidad, si llega la ocasión.

APÉNDICE

Al despuntar el siglo XIX, el territorio de la actual República Argentina formaba parte del extenso virreynato del Río de la Plata, que también comprendía a Bolivia, Paraguay, Uruguay y parte del Brasil.

El virreynato, antes un conjunto de gobernaciones dependientes del Perú, se creó en 1776. Los portugueses avanzaban sobre la Banda Oriental del río Uruguay y habían llegado al punto de fundar la Colonia del Sacramento prácticamente en las narices de Buenos Aires. Al elevar el estatus jurídico y militar de la región, la corona española pretendía poner a sus reinos más australes a salvo de los planes expansionistas de los lusitanos.

Buenos Aires, designada capital del virreynato, no era entonces más que una "gran aldea", como la llamó un siglo después Lucio V. López. Una aldea que comenzaba a crecer a favor de incipientes comercios e industrias y de su puerto, autorizado al intercambio con la metrópoli y demás posesiones indianas del hispano monarca (y también a favor de un floreciente contrabando que se burlaba de este monopolio).

El puerto era de hecho la única boca de expendio directa entre el virreynato y España, y su influencia en la prosperidad de la joven capital fue decisiva, al punto de que sus habitantes recibieron el apelativo de "porteños", que aún conservan.

Buenos Aires apenas empezaba a comprender la riqueza de esa pampa que se prolongaba desde sus arrabales hasta el pie de la cordillera de los Andes. La explotación ganadera se limitaba a aprovechar el cuero del ganado, criado cimarrón en el campo abierto.

En las orillas de esa pampa húmeda y fértil, otras aldeas comenzaba a prosperar con la cría de ganado. Una de ellas era Santa Fe de la Veracruz, fundada por Juan de Garay, el mismo vasco agalludo que había erigido el segundo emplazamiento de Buenos Aires. También a la orilla de un río, el poderoso Paraná, que con el Uruguay concurre a formar el ancho río de la Plata, el estuario "color de león" sobre que descansa la capital.

A pesar de plagas y sequías, Santa Fe desarrolló una economía pastoril basada en la crianza y tráfico de mulas, impulsada por algunos pioneros como Francisco Candioti. Los animales se vendían en los mercados del Norte en competencia con otros venidos de Córdoba, la provincia mediterránea, cuyas serranías separan a la pampa de las selvas y los cerros del norte argentino.

En ese Norte, más precisamente en el Noroeste, la conquista española había diseminado poblados que por peso propio se convirtieron en cabeceras de provincias y territorios. Estas ciudades vivían de industrias locales relacionadas en mayor o menor grado con la agricultura y la ganadería menor, con una importante producción textil y artesanías varias, y mantenían mayor intercambio comercial con Lima que con Buenos Aires. Entre ellas sobresalían Santiago del Estero, Tucumán y sobre todo Salta.

Tucumán ganó en prestigio y prominencia a partir del cultivo de la caña de azúcar, iniciado por los jesuitas en una tierra rica y húmeda. Salta, por su parte, gozaba de una ubicación estratégica en el nudo de todos los caminos entre Lima hacia el Norte y Córdoba y Buenos Aires al Sur. Buena parte de la prosperidad salteña se debió al mercado de mulas, que se beneficiaba de excelentes campos de invernada en los próximos valles calchaquíes.

Sostenida por estas actividades, la sociedad colonial argentina se fue construyendo sobre grupos estratificados, como el resto de las hispanoamericanas; pero con una movilidad social ausente, por ejemplo, en el rico y aristocrático virreynato del Perú. A fines del siglo XVIII algunos criollos se habían ubicado en la cumbre de la pirámide socioeconómica prácticamente en un pie de igualdad con los españoles. Un número de ellos llegó incluso a incorporarse a los organismos de gobierno de sus comunidades, sobre todo a los cabildos, cuerpos colegiados que regían la vida de los pequeños municipios.

Así se fue creando una burguesía de comerciantes y terratenientes que educaban a sus hijos en jóvenes universidades sudamericanas como las de Charcas y Córdoba. De esa nueva generación iban a salir aquellos intelectuales, ambiciosos e idealistas, necesarios para incubar las ideas que pocos años después iniciarían el proceso de la independencia.

Por debajo de esta clase dirigente, económicamente sólida e "ilustrada" según su propio vocabulario, existía un sector de empleados, pequeños artesanos, operarios textiles y trabajadores del campo, amén de marginados y bandidos. Este grupo, compuesto en su mayoría por mestizos de españoles e indias, contribuyó a la formación de una cultura popular diferente, en la que confluyeron la herencia española, sobre todo en lengua y religión, y los usos y costumbres de la tierra.

Por fin, en la base de la proverbial pirámide se ubicaban los indios y los negros. En las comunidades del Norte los primeros fueron la principal mano de obra bajo diversas formas de servidumbre. Los europeos incorporaron la llamada "encomienda" a la mita y el yanaconazgo, especies de semiesclavitud que conservaron del imperio incaico.

Otros grupos indígenas, en las selvas del Chaco y las pampas del Sur, se mantuvieron libres y fieles a su propia cultura (con el agregado del caballo) hasta bien entrado el siglo XIX.

En el Río de la Plata los negros vivieron una suerte relativamente mejor que la sufrida por los africanos condenados a morir en las plantaciones de Centroamérica y el Caribe. La mayoría de los esclavos traídos por los barcos negreros ingleses fueron destinados al servicio doméstico en Buenos Aires y su zona de influencia inmediata.

El siglo XIX, pues, encontró a la futura Argentina como una sociedad heterogénea, compuesta por grupos sociales estratificados pero interdependientes, de pequeñas ciudades apoyadas en actividades comerciales muy relacionadas con el trabajo del campo, y de regiones extensas donde la naturaleza permanecía intocada. Una tierra en la que convivían, en las palabras de Sarmiento, una civilización en lento desarrollo y una barbarie impuesta por el medio agreste y varias formas de dominación del hombre por el hombre.

Este ambiente chúcaro, cerril y vibrante, en el que la escasa seguridad se perdía a una legua de las villas que pretendían ser ciudades, este mundo cuyo quieto estatus que estaba muy cerca de sacudirse, era entonces el marco ideal para la aventura.

R. O.

Índice